인생의 절반쯤에
꼭 생각해 볼 것들

인생의 절반쯤에
꼭 생각해 볼 것들

2016년 10월 17일 초판 1쇄 인쇄
2016년 10월 24일 초판 1쇄 발행

지은이 | 김경식
펴낸이 | 임종관
펴낸곳 | 미래북
신고번호 | 제 302-2003-000326호
주소 | 서울특별시 용산구 효창원로 64번길 43-6 (효창동)
영업부 | 경기도 고양시 덕양구 화정로 65 (화정동965) 한화오벨리스크 1901호
전화 | 02-738-1227
팩스 | 02-738-1228
이메일 | miraebook@hotmail.com

ISBN 978-89-92289-87-0 (03320)

삶의 반환점을 도는 당신을 위한

인생의 절반쯤에 꼭 생각해 볼것들

· 김경식 지음 ·

MIRAE
BOOK

더욱 값진 인생을 위하여

당신은 지금까지의 삶을 성찰해본 적이 있으신가요? 있다면 그간의 삶이 보람 있었다고 자부하나요? 아니면 한 살이라도 젊었을 때 더 열심히 살지 못한 것을 후회하나요? 그도 아니면 이제 막 껍질을 깨고 새 세상을 향해 힘찬 걸음을 내딛고 있나요?

어느덧 인생의 절반이 지났다고 생각하면 묘한 감정이 들며 갑자기 불안이 커지고, 잘 살았든 못 살았든 간에 자신에게 채찍을 들이대고 싶어질 것입니다. 또 다가올 미래에 대하여 뭔가 결단을 내리지 않으면 안 될 것 같은 초조함에 휩싸이기도 할 것입니다.

하지만 지금 어떤 상황에서 어떤 모습으로 살고 있든 중요한 것은 현재의 자신을 긍정하고 사랑하는 것입니다.

성공적인 인생은 자기애와 자존감에서 시작됩니다. 그리고 이는 진심으로 자기를 사랑할 때 생깁니다. '나는 누구보다도 뛰어난 사람이고, 이렇게 멋진 사람은 없다'라고 자기를 긍정할 때 가능하다는 말입니다.

인생의 절반을 넘어서는 시기는 뭔가를 하기에 가장 적절한 시기입니다. 몸부림치는 방황도 얼추 끝나고, 세상을 보다 넓고 깊게 들여다보는 안목도 생기는 시기이기 때문입니다.

사람은 누구나 자기가 좋아하는 사람이 행복하기를, 멋진 인생을 살기를 바랍니다. 하물며 그 상대가 바로 '자신'임에야 다시 말해 무엇하겠습니까! 그러니 소중한 '나'에게 멋진 인생을 선물하고, 스포트라이트를 비춰주기 위해 최선을 다해야 합니다. 그러기 위해서는 어떻게 해야 할까요?

인생의 절반을 보낸 지금, 앞으로 남은 시간은 지나온 시간보다 더 빨리 지나갑니다. 그러기에 남은 삶을 어떻게 살 것인가를 깊이 생각해야 합니다.

필자는 인생의 절반을 보낸 당신께서 남은 인생을 지나온 인생보다 더욱 멋지고 가치 있게 보내는 데 도움을 드리기 위해 이 글을 씁니다.

1부에서는 삶의 절반쯤에 이르러서 깨닫고 반드시 해야 할 일을 제시했으며, 2부에서는 남은 삶을 살아가는 데에 지침이 될 감동적인 이야기 50가지를 모았습니다.

저의 이런 노력이 독자 여러분들이 남은 인생을 후회 없이, 더욱 빛나게 사는 데 도움이 되기를 진심으로 바랍니다.

이 책을 나의 숨 같은 사랑 홍승희 씨와 태오, 민제에게 바칩니다.

햇빛이 따사로운 서초동 집무실에서

CONTENTS

인생의 절반이 지났을 때
반드시 깨달아야 할 것들

돈이나 물질은 우리의 생활을 더 즐겁게, 그리고 풍요롭게 만들어줍니다.
그것들이 자본주의 사회에서는 반드시 필요한 가치인 것을 부정할 수는 없습니다.
하지만 그것이 인생의 전부이거나 최고의 가치는 아닙니다.

PART 1

인생의

의미를

———

생각할 때

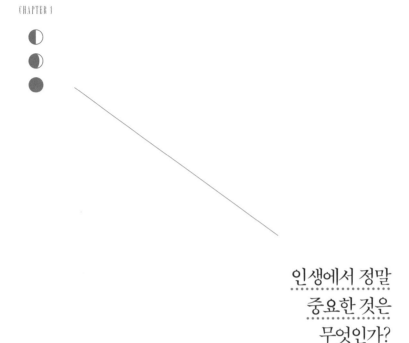

인생에서 정말
중요한 것은
무엇인가?

'인간에게 가장 큰 위험은 분별력의 상실이다.'

산스크리스트 속담에 나오는 구절입니다.

그렇습니다. 무엇이 중요하고 무엇이 중요하지 않은지, 또 무엇이 유익하고 무엇이 해로운지 분별하는 능력을 잃어버리는 것은 참으로 위험하고 불행한 일입니다.

이제 삶의 절반이 지나는 시점에서 먼저 할 일은 분별력을 찾는 일입니다. 당신도 지금 하는 일을 잠시 멈추고 자신에게 이런 질문을 해보십시오.

"나의 인생에서 정말로 중요한 것은 무엇인가?"

이런 작은 질문 하나가 남은 인생에 가치를 더해 주고, 행동을 변화시켜 운명을 바꿔주며 더 나아가 세상을 바꿀 수 있습니다.

로스앤젤레스에서 대화재가 발생했을 때의 일입니다.

사람들이 허겁지겁 몰려나왔는데 그중에 두 여인이 크게 화상을 입었습니다. 그런데 두 사람 중 한 여인은 두 팔에 외상 장부를, 다른 한 여인은 증권을 한아름 안고 있었습니다. 그 여인들은 화재 발생 후에도 장부와 증권을 챙기느라 빨리 빠져나오지 못해 화상을 입었던 것입니다. 그들에게 있어서 자신의 목숨보다 외상 장부, 증권이 더 소중했나 봅니다. 참으로 어리석다는 생각이 들지요?

사람은 화재나 전쟁 같은 위급한 상황이 발생하면 먼저 자신이 가지고 있는 가장 소중한 것, 가장 중요한 것들을 챙기기 마련입니다. 그러나 생각해 보면 인간에게 가장 소중한 것은 외상 장부나 증권과 같은 물질이 아닙니다. 그것은 한낱 욕심에 불과합니다. 그것들을 지켜냈다고 해도 목숨을 잃고 나면 아무 소용없습니다.

그 여인들이 들고 나온 것이 그렇게도 중요한 것이었을까요? 집이 온통 불바다가 되고, 자신의 목숨마저도 위태로운 지경에서 말입니다. 위급한 상황에서는 자기 자신을 먼저 보전해야 합니다. 자신의 생명보다 중요한 것은 없기 때문입니다.

일찍이 노자도 '비움'에 대해 강조했습니다. 물질을 많이 가진다고 해서 행복한 것도 아니며 물질을 목숨보다 중하게 여기는 마음을 '욕심'이라 했습니다. 저마다 해야 할 일도 많고 욕심이 차고 넘치는 요즘 같은 시대에 '버리는 것, 비우는 것'을 강조하는 것이 어떻게 받아들여질지 모르지만, 지나친 욕심은 인간사에서 대부분의 갈등과 고통을 만들어내는 경우가 더 많습니다.

삶의 절반에 도달하게 되면 한 번쯤은 자기 인생에서 정말로 중요한 것이 무엇인지 생각해보아야 합니다. 우매하게 그다지 중요하지 않은 일에 매달려오거나 더 시급한 것을 소홀히 여겨 뒤로 미루어오지는 않았는지, 부부간의 사랑이나 가정에 대한 배려보다는 물질과 돈을 더 가치 있는 것으로 생각해서 그 노예가 된 나머지 가정의 행복과 건강마저 잃지는 않았는지, 그리하여 실패한 삶을 살고 있는 것은 아닌지…….

절반에 이르렀다는 것은 삶의 반환점에 도달했다는 뜻입니다. 그 시점에서 보면 인생을 어느 정도 조감하여 볼 수 있을 것입니다.

돈이나 물질은 우리의 생활을 더 즐겁게, 그리고 풍요롭게 만들어줍니다. 그것들이 자본주의 사회에서는 반드시 필요한 가치인 것을 부정할 수는 없습니다. 하지만 그것이 인생의 전부이거나 최고의 가치는 아닙니다.

어느 하나에 지나치게 집착하다 보면 평정심을 잃고, 분별력이 흐려집니다.

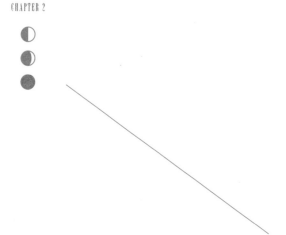

최상의
길을
선택했는가?

17세기의 희곡작가이자 배우였던 몰리에르가 하루는 평소 가까이 지내는 문인들을 모아 만찬을 열었습니다.

술이 몇 잔 돌고, 어떻게 살아야 할까를 논하다가 마침내 삶의 허무와 죽음에 대해 말하기에 이르렀습니다. 결론은 죽음이 인간이 가야 할 최상의 길이라는 것이었습니다. 그렇게 보람도 없는 세상을 구차스럽게 사느니 차라리 센강에 몸을 던져 죽는 것이 좋다고 의견이 모아져 실행하기로 하고 모두 일어서는 순간, 몰리에르가 손뼉을 쳐서 좌중을 진정시키고는 말했습니다.

"여러분, 잠깐 제 말을 들어보십시오. 저도 여러분 의견에 전적으로 동감합니다. 그런데 그런 숭고한 일을 우리끼리만 하면 아무런 의미가 없다는 생각이 듭니다. 그러니 날이 새거든 여러 사람들이 보는 앞에서 결행하기로 하고 오늘 저녁은 마음껏 술이나 마십시다."

듣고 보니 일리가 있는 말이라 모두들 그렇게 하기로 하고 그날 밤은 술이 바닥날 때까지 실컷 마셨습니다.

다음 날 아침, 그들은 술이 깨자 어제 저녁에 한 말은 모두 잊어버리고 각자 자기 집으로 돌아갔습니다.

어젯밤 술에 취한 그들은 죽음이 곧 자신들이 선택할 수 있는 최상의 길이라고 생각했습니다. 술김에 이런저런 이야기를 하다가 결국 이성적으로 판단하지 못하고 지나치게 감정적으로 이야기가 흘러 엉뚱한 결론을 내고 만 것입니다. 사람들은 연애를 할 때도 이와 비슷한 경험을 많이 겪게 됩니다. 연인에게 온갖 달콤한 말들을 가득 담아 밤새 편지를 씁니다. 그러나 다음 날 아침에 일어나 지난밤에 쓴 편지를 보면 얼굴이 달아올라 도저히 연인에게 건네줄 수 없겠다는 생각을 하게 됩니다. 그나마 연애를 할 때의 이런 감정은 자신만 부끄럽고 마는 사소한 일이지만, 이야기에서 몰리에르와 문인들이 술김에 결정한 '자살'은 순간의 감정이 만들어낸 최고의 오판이었습니다. 이런 생각을 하는 사람은 비단 그 문인들만이 아닙니다. 오늘날도 많은 사람들이 죽음을 자신이 택할 수 있는 최고의 길이라고 판단하여 자살을 택합니다.

실연으로, 실직으로, 생활고로 허덕이다 보면 누구나 이런 험난한 세상을 사느니 차라리 다른 세상을 선택하고 싶다는 생각을 할 수 있습니다. 그러나 삶은 단 한 번밖에 없는 것이기에 그렇게 버리기에는 너무 아깝지 않을까요? '이렇게 힘들 바에야 세상을 등지는 편이 더 편안할 것이다'라는 우울한 감정에 얽매이기보다는 죽을 용기를 다시 한 번 힘내서 살아보겠다는 용기로 바꿀 수 있는 이성의 힘을 믿어보는 편이 어떨까요?

삶에는 여러 가지 길이 있고 사람들마다 자신의 처지, 환경, 지식 등을 고려하고 활용하여 매 순간 자신에게 가장 좋은 선택을 하며 살아갑니다. 사람들은 저마다 심사숙고하여 그중에서 최상의 길을 선택하며 살고 있지요. 그런데 사람에 따라서는 자신의 결정이 잘못된 길을 걷게 하는 최악의 선택임을 뒤늦게 깨닫고 후회하기도 합니다.

인생의 절반에 도달한 지금, 정말로 깊이 생각하여 최상의 길을 선택해야 합니다. 남은 절반은 지나온 절반보다 더 귀중하면서도 빨리 지나가기 때문입니다.

현재의
삶에서
가치를 찾자

　우리는 기독교에서는 천국이라고 하고 불교에서는 극락이라고
하는 죽음 후의 세계를 그야말로 평화롭고, 행복하고, 굶주림이나
다툼, 투쟁이나 실망 같은 근심걱정이 없는 곳으로 상상합니다. 물
속에 낚싯대를 담그면 바로 고기가 잡히고, 너무 덥거나 춥지 않으
며 장마나 태풍이 없는 곳, 못된 인간이나 짐승 또는 바이러스를
염려하지 않아도 될 곳으로 말입니다. 그래서 오늘날 많은 젊은이
들이 그곳이 최상의 곳인 줄 알고 그곳으로 가기를 희망합니다.

　정말 그런 곳이 있을까요? 또, 우리의 삶을 다시 생각해보면 적

당한 경쟁과 노력, 즐거움 뒤에 뒤따르는 실망, 스트레스, 긴장도 필요한 것은 아닐까요? 때로는 패배도 삶의 중요한 요소가 되는 것이니 하루를 마치는 순간, 인생이 다하는 순간까지 최선을 다하는 것이 좋으리라 생각합니다.

우리가 이 세상을 떠난 뒤 남은 사람들이 내리는 평가, 그것이 천국과 지옥일 수 있습니다. 그들은 우리의 이름이 거론되는 순간에 함께했던 시간들을 그리워하며 미소를 지을까요, 아니면 인상을 찌푸릴까요? 또, 우리가 전해준 희망을 가져다가 삶의 일부분으로 활용할까요? 어쩌면 우리가 살아 있을 때보다 떠나고 난 뒤 소중했던 존재로 기억할지도 모릅니다.

한 번밖에 살지 못하고 떠나야 하는 이 지구상의 삶을 천국이라고 하면, 소말리아에서 굶주리고 있는 아이들은 '이게 천국이라니요? 말도 안 돼!' 하고 외칠 것입니다. 또 상당한 부를 누렸음에도 불구하고 스스로 불행하다고 느껴 자살을 하는 사람들도 거칠게 항의할 것입니다.

인생을 천국으로 만드느냐, 지옥으로 만드느냐는 자신이 처한 환경과는 그다지 상관이 없을지 모릅니다. 그것을 결정짓는 잣대는 오로지 자신의 마음뿐입니다. 내가 어떠한 태도와 시각으로 이 세상을 바라보고 대하며 사느냐에 따라 이곳이 천국일 수도 지옥일 수도 있는 것입니다. 일이 뜻대로 되지 않고 환경이 열악하더라도 매 순간 감사하며 기쁘게 살아가는 사람에게는 이 세상이 천국이며, 반대로 남들이 모두 부러워하는 좋은 환경을 가지고도 만족하지 못해서 매일 불평불만을 늘어놓는 사람에게는 이 세상이 늘 불만족스러운 지옥일 뿐입니다.

그러나 어떤 형태로든, 어떤 상황에 있든, 이곳의 삶 자체가 기회라는 것을 아는 사람은 아마도 삶을 더 소중히 여기고, 살찌우고 발전시키려고 노력할 것입니다. 살아온 나날보다 앞으로 살아갈 날이 조금이라도 적은 사람들은 더욱더 그런 생각을 하고 열심히 살아야 할 것입니다.

잃은 것보다
얻은 것을
생각하자

인생의 절반에 도달해서 지나온 날들을 생각할 때 당신은 얻은 것이 많은가요, 아니면 얻은 것은 없고 잃은 것뿐인가요?

필자가 아는 유명한 문필가 모 씨는 몇 년 전 명절 때 고향으로 가다가 자동차 사고를 당해 겨우 오른쪽 눈만 흐릿하게 보이는 장애를 입었습니다. 글을 쓰며 사는 사람으로서 시력을 잃었다는 것은 치명적입니다. 그때 그의 나이는 삶의 중반에 와 있었습니다. 그는 눈 수술을 하기 위해 미국의 유명한 안과병원을 찾았으나 워낙 상처가 깊어 회복이 불가하다는 판정을 받았습니다. 그런데 담당 의사가 말했습니다.

"양초의 흐릿한 불빛만이라도 볼 수 있다면 아예 캄캄하게 못 보는 것보다는 낫지 않겠습니까?"

그는 의사의 말에 용기를 얻었다고 합니다.

인생은 잃은 것이 있으면 얻는 것도 반드시 있는 법입니다. 결국 모든 일은 생각하기 나름이지요. 그 문필가는 시력을 잃었습니다. 즉, 정상적이지 못하게 되었습니다. 그러나 대신 정상적일 때 가지지 못했던 사고와 열정, 감사, 그리고 삶에 대한 기쁨과 소중함을 얻었습니다.

사람은 어리석은 존재라 무엇을 고생하지 않고 쉽게 얻으면 감사할 줄 모릅니다.

필자가 아는 어느 회사 사장은 인생의 절반에 막 도달했을 때 백내장으로 시력을 거의 잃었지만 지금도 현장에서 열심히 일을 하고 있습니다.

"그때는 내가 회사원이었는데 회사를 그만둘까도 생각했으나 이대로 물러나면 영영 앞을 못 보게 될 것 같아서 조금이라도 시력이 남아 있을 때 더 열심히 일하자고 생각했지요. 그랬더니 요사이는 오히려 더 잘 보입니다."

그는 시력을 잃고 나서 뜻밖에 감각이 더 좋아지고 사람 보는 눈이 더 날카로워졌다고 했습니다.

잃은 다음 얻은 것을 알아내자

문제는 '잃고 나서 얻은 것이 무엇이냐? '입니다. 예를 들어, 시력을 잃고 절망에 빠져 있으면 인생을 파괴하는 인자가 발생하여 자포자기하게 됩니다. 그러나 인생을 깊이 생각할 수 있는 기회를 얻었다고 생각하면 남은 삶은 다른 인생으로 살 수 있는 것입니다.

공자가 조카 공멸에게 벼슬을 해서 잃은 것은 무엇이고 얻은 것은 무엇이냐고 물었습니다. 이에 공멸은 얻은 것은 없고 잃은 것만 세 가지인데, 첫째는 일이 많아 공부를 많이 하지 못했고, 둘째는 녹봉이 적어서 친척들을 봉양하지 못했으며 셋째는 공무가 다급하여 좋은 벗을 사귈 수 없었다고 대답했습니다.

공자는 같은 벼슬직에 있는 복자천에게도 똑같이 물었습니다. 이에 복자천은 잃은 것은 없고 다만 세 가지 얻은 것이 있는데, 첫째로 글로만 읽던 것을 실천하여 학문이 늘었고, 둘째는 녹봉이 적지만 이를 아껴서 친척들을 도왔기에 그 관계가 더욱 돈독해졌으며 셋째는 다급한 공무 중에도 틈을 내어 친구들을 사귀니 그 관계가 더욱 좋아졌다고 대답했습니다. 같은 벼슬을 하면서도 누구는 잃은 것만 세 가지라 하고, 누구는 얻은 것만 세 가지라 하니 공자는 복자천의 말에 깊은 감명을 받았습니다.

모든 일에는 잃는 것이 있으면 얻는 것도 있고 또 안 좋은 면에만 집중하면 백 가지가 모두 마음에 들지 않으며 좋은 것만 보려고 하면 딱히 불만이 없을 수도 있습니다. 오히려 좌절하고 싶은 순간을 기회로 더 큰 것들을 얻는 경우도 제법 많습니다.

베토벤은 음악가로서 가장 중요한 청력을 잃는 비극을 맞았지만 어느 누구보다도 더 감동적인 명작을 남겼습니다. 위대한 그의 명곡들은 대부분 그가 청력을 잃은 다음에 작곡한 곡들이라고 합니다.

사람은 시간이 흐를수록 젊음을 잃어갑니다. 그래서 안타까워하는 나머지 젊음을 되찾으려고 보약 등 모든 수단을 다 동원합니다. 이것은 주어진 상황에서 뺄셈의 답만 생각하기 때문입니다. 비록 뺄셈이더라도 그것이 최종 답은 아닙니다. 인생에서 뺄셈이 작용했다면 분명 더해지고 곱해지는 부분도 존재하기 마련입니다.

삶의 절반이 지났을 때 자신이 계속 무엇을 잃는다고 생각하면 초조해질 수밖에 없습니다.

잃는다는 느낌이 들 때는 잃는 것 대신 무엇을 얻을 수 있는가를 생각합시다. 세상에 잃기만 하는 일은 없으니까요. 잃는 것보다 얻는 것을 더욱 소중히 생각할 때 길은 자연히 열립니다.

사소한
선택이 모여
완성되는 인생

인생은 B(birth)로 시작해서 D(death)로 끝난다는 사르트르의 말처럼 누구나 태어난 순간부터 죽음을 향해 달려가고 있습니다. 그러나 이런 절망적인 결론에 이르기까지 그나마 다행인 것은 B와 D 사이에 C(choice)가 있다는 사실입니다. 그러므로 우리는 죽기 전에 수많은 선택을 통해 그 죽음을 후회 없이 기쁘게 맞을 수도 있고 슬프게 맞이할 수도 있습니다. 그렇듯 인생은 무수한 선택의 연속입니다.

지금은 여기 이렇게 서 있지만 여기까지 오는 과정에 수많은 선택의 갈림길을 만났을 것입니다. 한 길이 두 갈래씩으로만 갈라져도 처음 갈림길에서 두 갈래, 두 번째 갈림길에서 네 갈래, 네 갈래 길에서 여덟 갈래…… 이렇게 계속되면 한 사람의 인생에 무려 1,100조 번쯤 선택의 기회가 있다고 합니다.

누구나 '그때 내가 오른쪽을 선택해서 지금 여기에 있지만 만일 왼쪽을 선택했더라면 어떻게 되었을까?'라는 상상을 해볼 수 있습니다. 그러다 보면 매일 하는 작은 선택 하나에도 큰 의미가 있다는 것을 느낄 것입니다.

대학 입시나 취직, 결혼처럼 커다란 갈림길만이 중요한 것은 아닙니다. 이전의 작은 선택들이 축적되어 큰 선택을 할 상황으로 들어가는 것입니다.

새로운 대규모 프로젝트의 실행 여부를 놓고 하게 될 선택에는 큰 의미가 있습니다. 이 선택은 이전에 내린 작은 결정들이 모인 결과이기 때문입니다. 그래서 눈에 띄는 큰 선택뿐만 아니라 평소에 만나는 소소한 선택도 늘 성실하고 올바른 태도로 판단해야 합니다. 결국 작은 선택에도 신중을 기하는 자세가 인생의 방향을 결정하는 것입니다. 당신의 '오늘'은 바로 어제까지 당신이 내린 모든 선택의 결과물입니다.

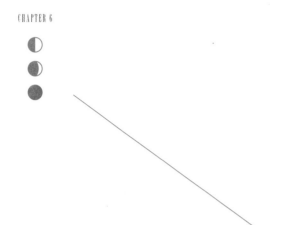

인생은
나와 시간과의
영원한 승부

인간에게는 누구에게나 공평하게 하루 24시간이 주어집니다. 부자든 가난한 사람이든 직장인이든 사업가든 똑같이 24시간을 삽니다. 그러나 사람에 따라서 똑같은 시간이 전혀 다르게 사용될 수 있습니다. 똑같이 주어지는 하루의 시간을 어떻게 사용하느냐에 따라 사람의 운명이 바뀌기도 합니다.

사람은 늘 시간과 한판 승부를 벌이며 살아갑니다. 오늘날처럼 복잡하고 경쟁이 치열한 시대에는 근무 중에 쉬는 시간이 거의 없습니다. 한 가지 업무가 끝나면 곧장 새로운 업무를 시작합니다.

게 눈 감추듯 점심식사를 마치면 곧바로 사무실로 돌아와서 일을 합니다. 신문을 훑어볼 시간조차 없습니다. 정말 하루 종일 잠시도 쉬지 못하고 일합니다. 그러면서 최대한 시간을 유용하게 쓰려고 노력합니다. 아무리 생각해도 더 이상 유용하게 사용할 수 없을 정도입니다.

그러나 업무 도중에 짬을 내서 기분 전환을 하면 효율이 높아질 수도 있습니다. 물론 쓸데없이 길게 쉬지는 말아야 합니다. 그러다 보면 나쁜 버릇이 생겨 매일 조금씩 더 쉬게 되기 때문입니다. 쉬는 시간이 쌓이면 나중에는 엄청난 시간을 낭비하게 됩니다. 낭비하는 시간과 자신을 위한 자유로운 시간의 질은 엄청난 차이가 있습니다.

인생은 나와 시간과의 영원한 승부입니다. 한 시간 게으름을 피우면 딱 그 시간만큼 뒤처집니다. 이 점을 항상 기억해야 합니다.

어느 심리학자는 "인간은 게으름을 피우는 데는 천부적인 재능을 갖고 있다"라고 말했습니다. 게으름을 피우면 우선 편하기 때문에 습관이 되기 쉽습니다. 게으른 습관은 대단히 강해서 그것을 고치려면 마약중독을 치료할 때만큼이나 엄청난 결심과 노력이 필요합니다.

빌 게이츠는 "가난하게 태어나는 것은 당신의 잘못이 아니지만, 죽을 때 가난한 것은 당신의 책임이다"라는 말을 했습니다. 누구나 똑같은 시간을 갖지만 누구는 가난하게 태어나 가난하게 죽고, 누군가는 가난하게 태어났지만 가난하게 죽지 않기도 합니다. 운명의 절반은 환경적인 조건으로 정해지지만 절반은 우리 자신의 힘으로 얼마든지 바꿀 수 있다는 말입니다. 만약 당신에게 환경을 변화시킬 힘이 없다면 자신의 마음가짐, 태도만이라도 긍정적으로 바꾸어야 합니다.

누구나 '오늘은 이만하면 됐겠지', '조금 쉬고 싶다'라고 생각할 때가 있습니다. 그러나 한 번 느슨해지면 다시는 원래대로 돌아가지 못한다는 것을 경계해야 합니다. 그런 때일수록 마음을 단단히 먹고 긍정적인 태도로 '끝까지 노력하자'고 자신을 채찍질해야 합니다. 느슨해질 때마다 마음의 나사를 바짝 조입시다.

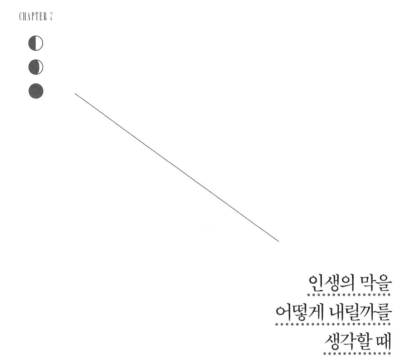

인생의 막을
어떻게 내릴까를
생각할 때

삶의 절반을 보내기까지는 정신없이 사느라 죽음에 대해 심각하게 생각하지 않지만 삶의 절반 고개를 넘어서면 인생의 마지막 순간에 대해 생각해두어야 합니다. 언제 어느 때 죽음이 불시에 찾아올지도 모르고, 또 어떻게 죽음을 맞이할 것인가 하는 것도 중요한 일이기 때문입니다.

죽음에 관한 말이 나오면 사람들은 대부분 "오랫동안 자리 보전하지 않고 건강하게 살다가 어느 날 조용히 죽고 싶어요"라고 말합니다. "이왕이면 오래오래 살고 싶어요"라고 말하는 사람은 의

외로 적습니다. 현대에는 의학의 발달로 장수가 지극히 당연한 일이기 때문이지요.

어느 날 조용히 죽고 싶다는 말에는 누구나 동감합니다. 게다가 육체와 정신이 균형 있게 노쇠해 갔으면 하는 것도. 몸은 건강한데 노망이 들면 삶의 의미가 없고, 노망이 들지 않더라도 자리 보전하고 누워 있는 일은 사양하고 싶을 것입니다.

살아 있는 동안 몸도 건강하고 정신도 또렷해야 합니다. 여기에 욕심을 더 내자면 숨이 끊어지는 그 순간까지 자신의 일은 스스로 처리할 수 있어야 합니다. 이렇듯 죽음에 대해 생각해보는 것도 유익합니다.

그리고 돈은 남김없이 다 쓰고 죽는 것이 어떨까요? 대부분의 부모들은 자식에게 재산을 남겨주려고 애씁니다. 하지만 서양에서는 옛날부터 자식에게 재산을 남기는 일은 '가장 확실하게 자식을 망치는 길'이라고 생각했습니다. 서양의 재산가는 돈이 화근이 되지 않도록 금전 교육을 철저하게 시킵니다. 이런 교육은 현명한 어른의 지혜라고 생각합니다.

그러나 한국인은 그들과 사고방식이 다릅니다. 부모는 뼈가 부서져라 일하며 남은 인생을 즐길 생각을 하지 않습니다. 그리고 "내 아이에게만은 이런 고생을 시키고 싶지 않아"라고 말합니다. 이는 부모로서 진정한 사랑을 베푸는 것이 아닙니다. 이런 환경에서는 자식이 성실한 사람으로 자라기 어렵습니다.

아무튼 육체와 정신과 돈이 균형을 이루다 어느 날 조용히 삶을 마감하는 것이 최선입니다.

'어떻게 죽을까?'를 생각하는 일은 '어떻게 살 것인가?'를 생각하는 것만큼 중요합니다. 잘 죽는 일은 잘사는 일과 유기적으로 연결되어 있기 때문입니다.

곁눈질 한번 하지 않고 한마음으로 흐트러짐 없이 사는 것도 좋지만 사실 이런 삶은 일반인과는 다른 극소수의 천재들만이 실천할 수 있습니다. 그들의 삶은 평범한 사람들이 살아가는 삶의 기준이 되지 못합니다. 우리는 좀 더 성실하게 생과 사에 대해 생각하고 '이렇게 살아야 해', '이렇게 살아서는 안 돼' 하는 올바른 삶의 방식을 다음 세대에 전해줄 의무가 있습니다.

언제 어떤 색으로 찾아올지 모르는 죽음에 대해 우리는 어떤 준비나 각오를 해야 할까요?

'끝이 좋으면 다 좋다'는 마음으로 사는 것이 좋습니다. 소설이나 드라마도 마지막 장면이 인상적이어야 명작으로 남습니다. 이처럼 삶도 마지막이 중요합니다. 마지막을 잘 마무리해야 인생을 제대로 살았다고 할 수 있습니다.

교훈을 남기는 죽음

아무런 의미 없이 죽는 것이 아니라 그 죽음을 통해 후세 사람들에게 어떤 교훈을 남긴다면, 그가 평소에 어떤 삶을 살아왔든 마지막 순간에 다른 사람에게 큰 도움을 주는 것이 됩니다.

제임스 캐그니가 주연한 명작 〈더렵혀진 얼굴의 천사〉에서 강도, 살인 등 갖은 악행을 일삼으며 살아온 남자가 마침내 사형 집행을 당하게 됩니다. 항구에서는 만나는 사람마다 온통 그 이야기뿐이었고, 그를 영웅시하던 거리의 건달들은 '틀림없이 멋지게 죽을 거야'라고 잔뜩 기대하고 있었습니다. 이런 건달들을 보며 마음 아파하는 한 목사가 있었습니다. 목사는 그 남자와 죽마고우였습니다. 그는 형무소로 그를 찾아갔습니다.

"자네가 죽음을 두려워하지 않는다는 사실을 잘 알고 있네. 하지만 이번만은 내 부탁을 들어주게. 자존심을 굽혀 아주 볼썽사납게 죽어주었으면 하네. 그렇지 않으면 거리의 아이들이 자네를 영웅으로 여기고 자네의 악행을 본받으려 할 걸세."

남자는 말도 안 되는 소리라며 한마디로 거절했습니다. 그런데 형을 집행하던 날, 그 남자는 '죽고 싶지 않아! 제발 살려줘!'라고 울부짖으며 인간으로서 나약한 모습을 보이며 죽어갔습니다. 그것이 목사의 부탁을 의식하여 연기를 한 것인지 아니면 본심이었는지, 당사자 외에는 아무도 모릅니다. 그러나 그는 살아생전 해악만 끼치며 살아왔지만 죽기 직전 후세에게 교훈을 선사한 셈입니다. 하물며 일평생 성실하게 살아온 우리의 죽음이 아무런 의미가 없다면 얼마나 비참할까요.

인생의 절반이 지난 지금에는 어떻게 해야 인생의 마지막을 멋지게 장식할 것인지 좀 더 진지하게 생각해야 합니다. 그래야 남은 인생을 보람 있게 살게 됩니다.

'끝이 좋으면 다 좋다'는 마음으로 사는 것이 좋습니다. 소설이나 드라마도 마지막 장면이 인상적이어야 명작으로 남습니다. 이처럼 삶도 마지막이 중요합니다. 마지막을 잘 마무리해야 인생을 제대로 살았다고 할 수 있습니다.

PART 2

인생의 절반,

다시 시작할

———

준비가

되어 있는가?

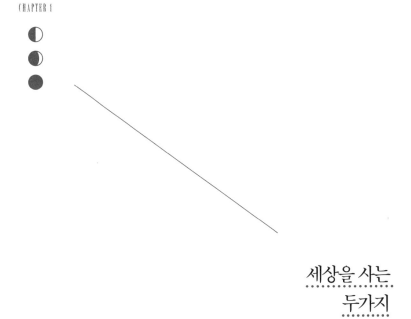

세상을 사는
두가지
방식

한 부자가 따뜻한 남쪽 나라에서 넓은 땅과 많은 하인을 거느리고 살고 있었습니다. 그런데 한 하인이 유독 일도 안 하고 게으름을 피웠습니다. 화가 난 그가 주의를 주었습니다.

"좀 더 성실하게 일하라."

그러자 하인은 "성실하게 일하면 어떻게 되는데요?"라고 물었습니다. 주인이 대답했습니다.

"그러면 더 좋은 일을 할 수 있어."

"좋은 일을 하면 뭐가 좋은데요?"

"수입이 늘겠지."

"수입이 늘면 뭐가 좋은데요?"

주인은 짜증이 났지만 참고 다시 웃는 얼굴로 대답했습니다.

"좋은 집에서 맛있는 음식을 실컷 먹으면서 태평하게 살 수 있지 않겠는가."

그러자 하인은 이렇게 대답했습니다.

"주인님, 저는 지금도 충분히 태평하게 살고 있어요."

이 게으른 하인처럼 생각한다면 아무도 설득할 수 없을 것입니다.

어떤 삶을 선택하느냐는 각자 인생관의 문제이기에 누구도 타인의 사고방식을 부정할 수는 없습니다. 또 쉽게 음식을 구할 수 있는 따뜻한 지역에 산다면 열심히 일할 필요가 없을지도 모릅니다. 실제로 예전에 비하면 지금은 모든 것이 풍요로워져 손만 뻗으면 먹을 것을 구할 수 있습니다.

하지만 우리는 이 세상에 존재하는 의미를 좀 더 깊이 생각해볼 필요가 있습니다. 먹을 것을 구해 배를 채우는 것만이 인생의 전부가 아닙니다. 무언가 의미 있는 일에 도전할 때 우리 삶은 가치가 있는 것입니다. 아마도 게으른 하인은 그런 삶의 자세는 상상조차 못할 것입니다. 목표를 달성했을 때의 기쁨을 맛본 적이 없기 때문입니다.

아인슈타인의 유명한 명언이 있습니다.

"세상을 사는 방법에는 두 가지가 있다. 하나는 '기적이란 없다'고 믿는 것이고 다른 하나는 '기적이 존재한다'고 믿으며 사는 것이다."

이 말의 의미는 게으르고 방탕한 생활을 하며 아무런 노력 없이 기적만 바라고 살라는 것이 아닙니다. 자신이 할 수 있는 모든 노력과 능력을 동원하여 세상에 가치 있는 일을 하면서도, 자신이 이루고 싶은 목표는 모두 이룰 수 있다는 강한 믿음을 가지고 인생을 살아야 한다는 의미입니다. 그렇게 사는 자에게 세상은 늘 기적을 보여주는 법입니다.

인생의 절반쯤에 온 당신이 꼭 기억해야 할 것은 남은 인생을 도전하고 성취하면서 살아 있는 기쁨을 만끽하는 삶을 살 것인가, 멍하니 허송세월하면서 그냥저냥 흘려보낼 것인가를 선택하고 행동해야 한다는 것입니다.

당신은 어느 쪽을 선택했습니까?

승패는
후반에
결정된다

인생은 도전의 연속입니다. 애써 도전하려고 하지 않아도 저절로 무언가에 도전하게 됩니다. 세 살짜리 아이는 네 살짜리가 할 수 있는 것을 배우려고 도전하고, 다섯 살짜리 아이는 여섯 살짜리의 발달 단계에 도전합니다. 이런 도전은 죽을 때까지 계속됩니다.

삶의 절반을 보내고 난 후 새로운 일에 도전하기 위해 새로 회사를 설립해 경영자로 일하고 있는 사람들이 우리 주위에 수없이 많습니다.

인생은 단거리 경주가 아니기에 몇 시간 안에 결과가 나올 수 없습니다. 그러므로 시작이 조금 늦었다고 해도 문제될 게 전혀 없습니다. 승패는 경기 후반에 결정되므로 마라톤 선수처럼 열심히 뒤쫓아가면 됩니다. 체력을 비축해두면 얼마든지 만회할 수 있습니다.

처음부터 체념한 채 아무것도 하지 않는 것이 가장 나쁩니다. 아무것도 안 하면 인생을 사는 이유도 없어집니다. '인생'이라는 경기에 참가한 이상, 포기하는 것보다 힘들어도 앞을 보고 달리는 것이 훨씬 더 즐겁습니다.

'시시해', '의미가 없어', '아무렴 어때', '어쩔 수 없어' 이런 생각이 들기 시작하면 조심해야 합니다. 그리되면 도전하고 싶은 마음도 함께 사라져 버립니다. 그런 말은 절대 입 밖에 내지 않는 것이 좋습니다. 입으로 말하는 순간, '될 대로 되라지. 안 해도 되겠지'라고 변명하면서 자기 자신에게 면죄부를 주게 됩니다. 이는 모든 활동을 포기하고 새로운 도전은 더 이상 없다고 선언하는 것과 같습니다.

'한심해', '시시해'라는 말은 남의 말을 하는 것처럼 들려도 사실은 자기 자신을 녹슬게 하는 말입니다. 이런 생각을 하면 스스로가 더 한심해지고 시시한 사람이 된다는 것을 잊어선 안 됩니다.

우리는 화가 나거나 짜증이 날 때 자신도 모르게 부정적인 말을 내뱉거나 욕설을 하기도 합니다. 내가 내뱉은 그 말은 가장 먼저 누가 듣게 될까요? 바로 나 자신입니다. 내가 상대방에게 하는 말조차도 결국 상대와 내가 함께 듣게 됩니다. 스스로 부정적인 말을 했을 때 부정적인 영향이 나타난다는 것은 과학적으로도 이미 증명된 사실입니다.

갓 지은 밥을 동일한 양으로 두 그릇에 담고 한쪽에는 '고마워, 사랑해'와 같은 긍정적인 말을, 한쪽에는 '짜증나, 미워 죽겠어' 같은 부정적인 말을 일정 시간 동안 들려주었더니 긍정적인 말을 들은 밥은 하얀 누룩 꽃이 피었고, 부정적인 말을 들은 밥은 아주 지독한 냄새를 풍기며 시커멓게 썩어 있었답니다. 하물며 밥도 이렇게 큰 결과를 나타내는데 사람은 오죽할까요.

서양 속담에 '자신이 한 말을 가장 먼저 듣는 것은 자기 귀'라는 속담이 있습니다. 아무 생각 없이 뱉은 말들이 자신도 모르게 의식을 좀먹을 수 있습니다. 자기가 한 말에 가장 큰 영향을 받는 사람은 바로 자기 자신입니다. 시시때때로 부정적인 생각이 떠오르더라도 쉽게 입 밖으로 내보내지 말아야 합니다. 이미 그런 습관이 들었다면 의식적으로 바꿔야 합니다.

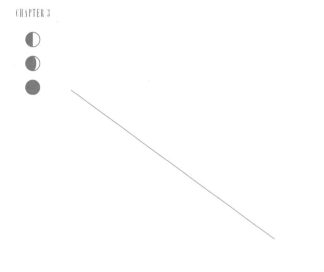

하고 싶은
일을 하라

삶의 절반이 지났을 때에 '다시 해보고 싶은 일'은 '지금까지 해보지 못하고 남겨둔 일'이 아닐까요?

다양한 연령에게 '당신은 살면서 무엇이 가장 후회되는가?'를 물으니 대다수의 사람들이 '진정 원하는 것을 하며 살 걸' 하고 가장 많은 후회를 했습니다. 우리는 주어진 환경을 탓하며 늘 변명처럼 '나이가 많아서 안 돼, 여건이 안 돼서 못해, 돈이 없어서 안 돼'라는 말로 좌절합니다. 그러나 인생 절반이 지났을 무렵 그동안 하고 있던 일을 그만두고 자신이 하고 싶은 일을 다시 시작한 사람은 우리 주위에 얼마든지 있습니다. 그런데 사람들이 다시 일을 시작하려고 할 때 문제되는 것이 체력입니다.

체력은 크게 두 가지로 나눌 수 있습니다. 행동하는 체력과 면역력이 그것입니다. 행동하는 체력은 빨리 달린다든지 무거운 물건을 들어올리는 물리적인 체력을 말합니다. 이것은 정신력에 따라 크게 좌우됩니다. '나는 이제 틀렸어'라고 여기면 틀린 것이고, '아니야, 나는 아직 괜찮아'라고 여기면 괜찮은 것입니다. 그만큼 몸은 의식의 지배에서 벗어날 수 없다는 뜻입니다.

이것은 안티에이징 이론으로, 이해하기 쉽게 말하자면 성교에 대한 사고방식을 그 예로 들 수 있습니다. 이를테면 '나는 이제 성교를 할 수 없어'라고 생각하는 사람은 절대로 성교를 할 수 없습니다. '나는 이제 틀렸어. 그래, 틀렸을 거야'라고 생각하는 순간 좌절에 빠지는 것입니다.

반면 '아니야, 나는 아직 괜찮아. 앞으로도 얼마든지 할 수 있어'라고 생각하는 사람은 실제로 얼마든지 성교를 할 수 있습니다. 결국 성교의 가능 여부는 의사가 정하는 것이 아니라 자신이 정하는 것입니다.

이런 사고방식은 다른 분야에도 적용할 수 있습니다. 당신은 하고 싶은 일이 있어도 미리 포기하거나 좌절하지는 않나요?

인생의 절반에 이르렀을 때 현재의 위치로 인해서 실망하거나 벌써 인생의 중반이 지났다고 쉽게 포기하기보다는, 이제부터가 승부를 띄울 시기라는 생각으로 새로운 마음과 각오를 다지는 것이 올바른 자세 아닐까요?

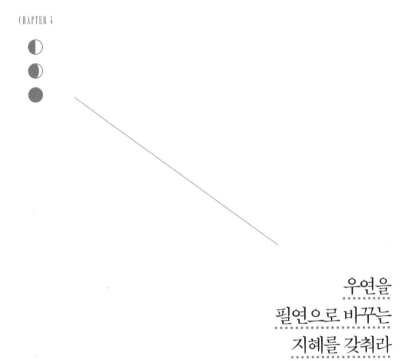

우연을
필연으로 바꾸는
지혜를 갖춰라

　세상을 살다 보면 어떤 일이 우연히 잘 맞아떨어지는 경우가 있습니다. 우리는 이것을 '운'이라고 부릅니다.

　영국의 밥 호킨스는 일찍이 〈모나리자〉라는 영화로 칸 영화제에서 남우주연상을 받았으며 아카데미상에도 후보로 오른 실력파 배우입니다. 그런데 그는 아주 우연히 배우의 길을 걷게 되었다고 합니다.

　어느 날, 그는 런던의 작은 아마추어 극장 안에 있는 술집에서 친구를 기다리고 있었습니다. 친구는 그 극장에서 무대 배경을 그리는 사람이었습니다. 그런데 그날은 그곳에서 신인 배우 오디션이 있었습니다.

갑자기 한 남자가 그에게 다가와 '자, 이번엔 자네 차례네' 하고 대본을 건네주었습니다. 그는 처음에 무슨 영문인지 몰랐으나 그 남자의 한마디 명령(?)에 얼떨결에 무대로 올라가 대본에 적힌 대로 연기를 했습니다. 그때 한 여자 에이전트가 그의 연기를 보고 "당신은 배우의 기질이 다분하군요. 합격입니다. 일이 주어지면 바로 할 수 있겠습니까?"라고 물었습니다. 그는 넉살좋게 받아넘겼습니다.

"배역을 준다면야 못할 것도 없지요."

그러자 에이전트는 정말로 그에게 배역을 주었고, 그는 배우가 되었다고 합니다. 물론 그는 그 뒤 왕성한 활동을 펼쳤지요.

그가 배우가 된 데는 몇 가지 '우연'이 잘 맞아떨어졌습니다. 하지만 우연을 필연으로 만든 사람은 역시 본인이었습니다. 그는 다음과 같이 말했습니다.

"누구나 여기저기에서 작은 기회를 만나게 되지요. 그 기회는 그림 맞추기 퍼즐의 한 조각과 같습니다. 어떤 일이 일어나면 그것에 반응합니다. 그러면 또 어떤 일이 일어나고 이에 또 반응하지요. 여기까지는 우연입니다. 하지만 그 시점에서 주어진 행운을 놓쳐서는 안 된다는 사실을 깨달아야 합니다. 자신에게 맞는 일이라면 어떻게든 기회를 잡으세요."

한때 기업들이 조기퇴직자 우대제도를 마련하여 인원 감축을 시도한 적이 있었습니다. 이 제도는 애초의 의도와 달리 우수한 인재가 먼저 빠져나가는 바람에 결국 실패로 끝났습니다. 필자가 아는 한 사람은 그 기회를 틈타 퇴직금을 더 많이 받고 서둘러 퇴직했습니다. 그랬더니 곧바로 좋은 일자리가 나타났고, 그는 지금 안락하게 생활하고 있습니다.

반면 결단을 내리지 못하고 우물쭈물하고 있는 사이에 회사 사정이 점점 나빠져 퇴직금도 제대로 받지 못하고 정리 해고 된 사람이 있습니다. 행운과 불행은 이렇게 순식간에 바뀝니다.

《역사란 무엇인가》의 저자 에드워드 핼릿 카는 역사에 대해 이렇게 말합니다.

"역사가 필연으로 진행된다는 생각이 진리라면 우연의 반복이라는 생각도 진리다."

그렇습니다. 역사는 우연의 씨줄과 필연의 날줄이 짜내는 직물과 같습니다.

그렇다면 역사에 이름을 남긴 사람들은 어떻게 살았을까요? 일본의 유명한 역사학자 시오노에 따르면 사람에게는 '나쁜 우연은 되도록 빨리 제거하고 좋은 우연은 필연으로 만드는 능력'이 있다고 합니다. 복권에 당첨된 사람들이 대부분 그 후의 인생을 망치는 이유는 이러한 능력을 갖추지 못했기 때문입니다.

그러나 그를 계기로 새로운 삶으로 성실히 살아가는 사람도 많습니다. 그가 인생을 망가뜨리지 않을 수 있었던 비결은 우연을 필연으로 바꾼 데 있습니다. 그는 그 돈을 '주운 돈'이 아니라 자신이 땀 흘려 번 돈이라고 생각했던 것입니다. 이렇게 생각하기란 결코 쉬운 일이 아닙니다.

"먼저 기회를 잘 포착해서 그것이 기회라는 생각이 들면 어떻게든 활용하라. 그리고 그 기회를 출발점으로 삼아 좀 더 좋은 일, 좀 더 훌륭한 일에 도전하라."

어스킨 콜드웰의 말입니다. 또 아이작 아시모프는 이렇게 말했습니다.

"행운은 잘 이용하지 않으면 별로 도움이 되지 않는다. 누구에게나 가끔 행운이 찾아온다. 바로 그때 그 행운을 잘 이용해야 한다."

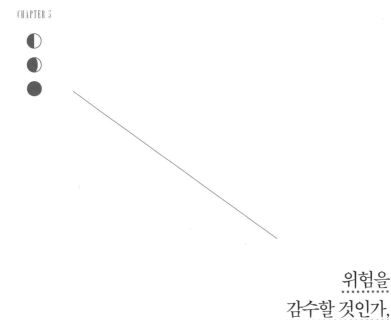

위험을
감수할 것인가,
피할 것인가

　현재에 만족하지 못하고 변화를 원하고 있는데 마침 이직할 기회가 생겼다고 합시다. 그럴 때 당신은 위험하더라도 기회를 잡아야 한다고 생각하겠습니까, 아니면 위험 부담이 크다며 꼬리를 내리겠습니까?

　결정은 사고방식에 따라 달라집니다. 위험 요소를 어떻게 평가하느냐에 따라 똑같은 기회가 크게 보이기도 하고 작게 보이기도 합니다. 똑같은 위험을 앞에 두고도 대수롭지 않게 생각하는 사람이 있고, 매우 위험하다고 느끼는 사람이 있습니다. 왜 그럴까요?

그것은 자신감이 있는가 없는가의 차이입니다. 자신감 여부에 따라 반응은 하늘과 땅만큼 달라집니다.

물론 자신감이 있는 사람이라고 해서 무조건 '난 꼭 성공할 거야'라고 낙관하지는 않습니다. 실패할 가능성이 있다는 것도 잘 알고 있습니다. 그러나 자신감 있는 사람은 '안 되면 더욱 열심히 하면 된다. 실패해도 다시 일어날 수 있다'라는 강한 의지를 갖고 있습니다. 이것이 중요합니다.

혁신가들을 지원하는 비영리단체 CEO 린다 로텐버그는 그의 저서 《미쳤다는 건 칭찬이다》라는 책에서 이렇게 말했습니다.

"새로운 것을 시작하는 것은 위험을 내포한다. 그러나 오늘날의 세계에서는 새로운 것을 시작하지 않는 것 역시 위험하거나 또는 훨씬 더 많이 위험하다. 당신의 일자리가 안전하고, 당신의 회사가 안정적인 것처럼 여겨진다면, 당신은 훨씬 큰 위험에 노출되어 있는 것이다. 만약 당신이 리스크를 감수하는 것이 더 위험하다고 생각한다면, 회피하는 것은 종종 훨씬 더 위험하다는 것을 알아야 한다."

우리가 안정적이라고 생각하는 것이 늘 그렇게 안정적이지 않을 수도 있습니다. 하루가 지나면 세상은 변하고 매일 다른 이슈들이 생겨나기 때문입니다. 이 세상에 그 무엇도 안정적인 것은 없습니다. 다만, 위험이 덜하고 더한 것이 있을 따름이지요. 어떠한 난관이나 위험이 있어도 어떻게 하면 피할 수 있을까를 생각하기보다 어떻게 이 위험을 기회로 만들 수 있을까를 생각하면 더 큰 성공과 성장을 얻을 수 있을 것입니다.

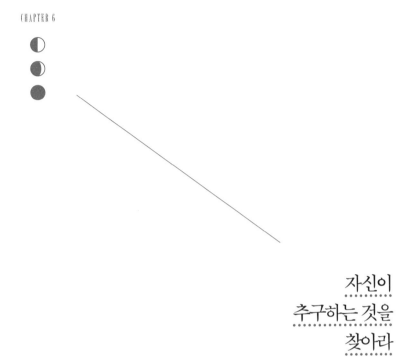

CHAPTER 6

자신이
추구하는 것을
찾아라

흔히들 전직의 적기는 35세 때라고 합니다. 이때를 지나서 전직하게 되면 예전 회사에서의 나쁜 습관이 남아 있어서 새로운 일을 할 때 제대로 하기 힘들다고 합니다. 예전 회사에서의 고액 연봉, 업무 스타일, 새 직장에서의 나이 어린 상사를 섬기는 것에 대한 정신적 스트레스 등 때문에 여러 가지 문제가 발생한다는 것이지요.

그런데 40대에 들어선 후에도 전직하는 사람은 얼마든지 있습니다. 일류라는 좋은 직장에서 높은 직위에 있던 사람들이 회사를 그만두기도 합니다. 구조조정으로 명예퇴직을 당하지 않는데도 말입니다.

그들이 전직하는 곳은 예전 회사와 비교할 수 없을 정도로 작은 규모의 회사일 수도 있습니다. 연봉과 직위도 낮고, 벤처기업이라고 해서 스톡옵션이 있는 것도 아닙니다. 지금까지 마음대로 사용했던 접대비와 비서, 개인용 사무실도 하나도 사용할 수 없습니다.

하지만 그런 특전을 포기하면서까지 40대 이후의 인생을 새로 시작하는 것입니다. 사람들은 '왜?' 하고 고개를 갸웃거리지만 그런 사람이 최종적으로는 성공을 거머쥐게 됩니다.

"왜 그렇게 좋은 회사를 그만뒀지? 너무 아깝잖아."

"왜 그렇게 작은 회사로 갔지? 이상하네."

주변 사람들이 의아해하는데도 불구하고 용기를 내어 전직을 하는 사람은 대부분 성공합니다. 왜냐하면 그에게는 남이 알지 못하는 비전이 있고, 남다른 용기가 있기 때문입니다.

사람들은 전직의 이상적인 형태를 지위가 올라가고, 권한도 많아지며, 연봉도 올라가는 등, 모든 조건이 한 단계 올라가는 것이라고 생각합니다. 물론 그런 생각이 틀린 것은 아닙니다. 하지만 자신의 계획대로 과감하게 밀고 나가는 사람은 포기한 것 이상의 무엇인가를 손에 넣을 수 있습니다. 그래서 결과적으로는 주위 사람들의 동경과 부러움을 한 몸에 받을 수 있는 것입니다.

인생의 반환점에까지 주변 사람들의 평가에만 의지하면 아무리 성공하고, 아무리 재산이 늘어나도 행복한 인생을 살아갈 수 없습니다.

돈이 많고 지위가 높은 사람들을 보면 누구나 입으로는 부럽다고 말합니다.

"그 사람은 성공해서 좋겠어요."

"그 사람은 돈을 많이 벌어서 좋겠어요."

하지만 그런 이야기 뒤에는 반드시 안타까움이 자리하고 있습니다. '저 사람도 나름대로 힘들지 않을까?', '저렇게 열심히 일만 해서 무엇할까? 저러면 인생이 시든 낙엽처럼 허무할 거야'라고 말입니다.

반면에 계획을 가지고 자신의 의지대로 살아가는 사람에게는 진심으로 부러움을 느끼게 됩니다. '저 사람이 하는 일에는 내가 모르는 재미가 있을 것 같아', '저런 인생도 재미있지 않을까?'라고 여기는 것입니다.

'왜 그런 일을 하세요? 그런 일이 재미있나요?'라는 말에는 비난이 아니라 당신이 추구하고 있는 재미와 의미 그리고 보람에 대한 물음이 담겨 있다고 보면 됩니다.

PART 3

중요한

결단을 앞두고

———

망설여질 때

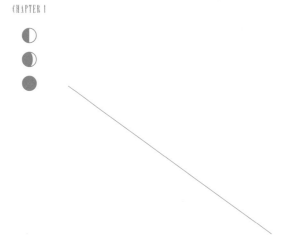

반복 연습을
계속하라

세상에는 두 가지 유형의 사람이 있습니다. 재주가 있는 사람과 없는 사람입니다. 재주 있는 사람은 뭐든지 쉽게 처리할 수 있기 때문에 힘든 일에는 아예 도전조차 하지 않습니다. 반면에 재주 없는 사람은 그일에 대한 연습을 몇 시간이라도 태연하게 합니다.

20~30대에는 반복 연습, 즉 경험이 부족합니다. 인생의 후반기와는 비교조차 할 수 없을 정도로 말입니다. 그래서 끊임없이 반복 연습을 해야 되고, 그것을 통해 성장합니다.

하지만 인생의 후반기에 접어들면 반복 연습을 하는 경우가 거의 없습니다. 무슨 일이 생기면 그동안의 반복 연습으로 대처하려고 합니다. 그래서 삶의 후반기에는 반복 연습을 게을리하고 일을 적당히 처리합니다. 그러나 그것은 잘못입니다. 시대가 변해감에 따라 기술과 제품이 새롭게 바뀝니다. 따라서 당연히 그에 보조를 맞추려면 끊임없이 실력을 연마해야 합니다. 그동안 쌓아온 반복 연습의 결과로 자신이 일을 잘한다는 착각에 빠질 수도 있으므로 이를 경계해야 합니다.

자전거는 한 번 탈 줄 알게 되면 세월이 흐른 뒤에도 다시 탈 수 있습니다. 하지만 인생에서는 어제는 탈 줄 알던 자전거를 오늘은 탈 줄 모르게 되는 일도 일어납니다. 그래서 '이상하다. 어제는 탈 수 있었는데 왜 오늘은 탈 수 없을까? 왜, 무엇이 달라진 것일까?' 하고 뒷머리를 긁적이는 일도 일어납니다.

골프의 천재라고 불리는 타이거 우즈도 항상 우승을 하지는 못합니다. 공부나 예술에서도 똑같은 현상이 나타납니다. 아무리 뛰어난 명인이고 달인이라 해도 항상 잘할 수는 없습니다.

21세기로 접어들면서 세상은 끊임없이 시스템화, 인터넷화, 모바일화로 나아가고 있습니다. 원래 정보화 사회가 진행되면 모든 분야에 매뉴얼이 완성되고, 반복 연습을 요구하지 않게 됩니다. 모든 반복 연습을 기계가 대신해주기 때문입니다. 구태여 반복 연습을 하지 않아도 버틸 수 있는 분위기가 만들어지고 있는 것입니다. 하지만 그렇기 때문에 더 철저한 도전의식을 가지고 반복 연습에 매달려야 합니다. 그러지 않으면 인생의 후반기에는 자신의 가치가 시시하게 변할 수도 있습니다.

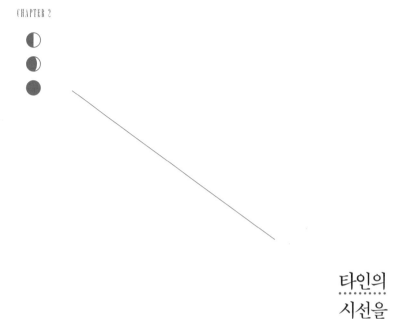

타인의
시선을
무시하라

　대부분의 사람은 지금껏 몇 차례 이직을 하고 다양한 사업을 하면서 여러 번 인생의 기로에 서 보았을 것입니다. 그런데 그런 중요한 순간에는 타인의 의견에 지나치게 기대지는 말아야 합니다. 상사나 동료에게 상담은 하되 결정은 혼자 해야 합니다. 왜냐하면 그 일은 자신의 문제이기 때문입니다. 자기 인생을 책임질 사람은 자신뿐입니다. 결혼을 하고 가족이 생겨도 변하지 않습니다.

　일생일대의 중대한 결단을 내려야 할 때, 남의 눈에 어떻게 비칠지를 걱정하면 절대로 좋은 결정을 내릴 수 없습니다. 다른 사람들의 이목이 신경 쓰여서, 또는 면목이 없어서 정말로 원하는 일을 주저하는 사람이 있습니다. 그런데 흔히 말하는 '다른 사람들'이란 대체 누구를 말하는 것인가요? 5천만 국민? 아니면 천만 서울 시민?

'물의를 일으켜서 죄송하다'고 사죄하는 정치인이나 연예인이라면 몰라도 보통 사람이 말하는 '다른 사람들'이란 평소 알고 지내는 몇몇 사람들을 의미합니다. 친척, 친한 친구, 지인 등 기껏 해봐야 40~50명 정도의 사람들이 신경 쓰인다고 원하는 것을 못할 이유는 없습니다. 취직이나 이직, 결혼이나 연애, 어떤 결정이든 마찬가지입니다. 주위의 시선에 구애받지 말고 하고 싶은 일은 당당하게 실행하십시오.

나 혼자 사는 세상이 아니라 여러 사람들이 모인 사회이기에 누구나 타인의 시선을 의식하고 반응을 살피게 됩니다. 타인과 원만한 관계를 만들어 가는 것도 중요하지요. 그러나 단지 다른 사람의 시선이 두렵거나 신경 쓰여서 자신이 간절히 원하는 것들을 하지 못한다면 그것은 너무나 보잘것없는 이유로 인생에서 만날 수 있는 여러 가지 빛나는 순간들을 놓치는 것과 같습니다.

철학자 쇼펜하우어도 그의 저서 《인생론》에서 "남이 뭐라고 말할까를 늘 생각하는 사람은 이미 남의 시선의 노예일 뿐이다."라고 말했습니다. 노예는 어떤가요? 늘 주인의 눈치를 살피고 주인의 눈에 거슬리지 않게 행동해야 합니다. 하기 싫어도 해야 하고 하고 싶은데 자유가 없습니다. 이런 삶이 어찌 행복할 수 있을까요?

인생의 주인은 바로 우리 각자 자신입니다. '다른 사람의 판단과 시선'에서 벗어나세요. 사실 다른 사람들은 생각보다 우리들에게 관심이 없습니다. 해보고 나서 후회하는 것이 하지 않고서 후회하는 것보다 더욱 가치 있는 일임을 알아야겠습니다.

한마디 덧붙이면, 소위 '다른 사람들'인 친한 친구, 말 많은 친척 아주머니, 학교 선생님, 고향 선배들은 당신의 의도만 확실히 설명해주면 이해는 물론이고 진심으로 응원해줄 것입니다. 진지하게 고민한 끝에 내린 결정이라면 아무도 당신의 결정을 부정하지 않을 것입니다.

내 인생에 나 이외의 모든 사람은 다 들러리에 불과합니다. 너무 신경 쓸 것 없고 눈치 볼 필요는 더더욱 없습니다.

성공 확률
100퍼센트의
일은 없다

'더 효율적인 방법이 없을까?'

'더 편안한 방법이 없을까?'

인생 후반기에 접어들면 이런 식으로 효율성을 가장 중요하게 생각하게 됩니다. 외국어를 배울 때조차 가장 편한 방법을 찾습니다.

어른이 되고 나이가 들면서 '뭐가 이렇게 힘들고 복잡하지? 편안한 방법이 없다면 그만두자'라고 쉽게 포기하는 자신의 모습을 보고 깜짝 놀란 경험이 있을 것입니다.

학창 시절에 공부를 잘했던 모범생일수록 사회에 나오면 '좀 더 편안한 방법이 있을 거다', '어떻게 하면 효율적으로 일할 수 있을까?'라고 궁리하게 됩니다.

구직활동을 하는 대학생들을 보면 학교 성적이 뛰어난 학생일수록 구직활동도 쉽게 하려고 머리를 씁니다. 그래서 발로 뛰어다니면서 구하라고 하면 이렇게 되묻습니다.

"그렇게 많은 회사를 돌아다니는 것이 가능하겠어요? 그 성공 확률이 어느 정도나 되겠습니까?"

이 세상에는 성공 확률 100퍼센트의 일도 없고, 실패 확률 100퍼센트의 일도 없습니다. 즉, 100퍼센트 잘 되는 일도 없고, 100퍼센트 안 되는 일도 없다는 말입니다. 그리고 성공 확률이 70퍼센트, 50퍼센트, 30퍼센트라고 했을 때 얼마나 열심히 하면 성공할 수 있느냐 하는 것은 매우 미묘한 문제입니다.

공부를 잘하는 모범생은 대부분 확률에 의지합니다.

'내 성적이라면 이 대학에 70퍼센트는 합격할 수 있다. 그러니까 이 대학에 지원하자.'

'내 학점이라면 합격 확률이 50퍼센트밖에 안 되니까 이 회사보다 한 단계 낮은 회사에 지원하자.'

이런 발상에 사로잡히면 인생 후반기에 접어들었을 때 할 일은 하나도 없습니다. 새로운 일에 대한 도전이 전부 쓸모없는 것으로 보이기 때문입니다.

효율적인 방법으로 의미 있는 일만 하려 하거나 쓸모없이 체력과 정신력을 낭비하지 않겠다는 사고방식으로는 창조적인 일에 도전할 수 없습니다. 원래 도전에는 쓸모없는 작업들까지 여럿 포함되어 있는 것입니다.

애초에 70퍼센트의 성공 확률을 가진 일은 도전이라고 할 수 없습니다. 도전이란 '성공 확률이 극히 낮은 일을 시도하는 것'이기 때문입니다. 거의 해낼 수 있는 것처럼 보이는 일도 성공할 확률은 70퍼센트를 넘지 않습니다. 더구나 지금부터 새로 시작하는 일은 거의 실패할, 어쩌면 제로로 돌아가는 반복 연습일지도 모릅니다.

하지만 '멋있는 인생 후반'은 반복 연습을 계속할 때 빛나게 될 것입니다. 지나치게 효율적인 방법만을 찾지 말고 끊임없는 반복 연습에 의해 자기만의 방식을 터득하려고 해야 합니다.

그동안 자신도 모르게 그러고 있지는 않았는지 돌이켜보시기 바랍니다.

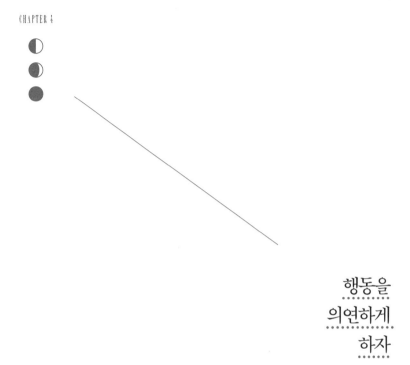

행동을
의연하게
하자

　성공과 명예를 얻은 사람, 저명인사, 인기인은 항상 팬이나 지지자 등에 둘러싸여 있기 때문에 고독하지 않을 것이라고 생각하기 쉽지만 꼭 그렇지만은 않습니다. 수많은 팬을 가지고 있는 것은 겉으로는 행복해 보일지 몰라도 오히려 더 고독을 느끼고 있을 수도 있습니다.

　인간성 심리학의 시조로 불리는 매슬로우 박사는 '욕구이론'과 '자기실현' 연구로 잘 알려진 사람입니다. 그는 저서 《성격심리학》에서 자기실현이란 궁극적인 욕구이며 정신적으로 가장 충실한 행복 상태를 가리킨다고 말하며 이렇게 덧붙이고 있습니다.

"자기실현을 이룬 사람은 소수의 사람들과 깊은 교제를 한다고 말할 수 있다. 친구의 범위는 매우 좁고, 그들이 사랑하는 사람들의 숫자는 그리 많지 않다. 이유는 자기실현을 하려면 많은 시간이 필요하기 때문이다."

공자도 이렇게 말했습니다.

"상대와 영합하여 친구로 사귀지 마라."

이는 군자(훌륭한 사람)는 고독을 견딜 수 있어야 하며, 소인(보잘 것없는 사람)과 영합하여 굳이 그들을 친구로 사귈 필요는 없다는 뜻으로 해석할 수 있습니다.

평등주의자의 입장에서 보면 왠지 거만한 듯한, 다른 사람을 우습게 여기는 듯한 태도라고 받아들일 수도 있지만, 그렇지 않습니다. 자기실현을 하려면 시간이 많이 필요하기 때문에 다른 사람과의 교제를 원활하게 하기 어렵다는 뜻으로 받아들여야 합니다. 실제로 부모, 교사, 지도층 인사가 자녀, 학생, 부하들의 기분을 맞추려 하는 것이 현대 사회구조를 혼란스럽게 만드는 하나의 요인이 될 수도 있습니다. 절차탁마(切磋琢磨)라는 말도 있듯이 낮은 수준에 영합하여 자기 자신을 혼탁하게 만들면 진보나 성장은 이룰 수 없게 되어 혼란스럽게 될 뿐입니다. 그렇기 때문에 매슬로우와 공자의 말은 대인관계의 핵심과 본질을 간파하라는 말이지 거만한 자세로 사람들을 우습게 여기라는 뜻이 결코 아닙니다.

인생 후반기 이후의 교제는 굳이 자기 자신을 낮추면서까지 친구를 늘릴 필요는 없다고 생각합니다. 그것보다 평소 '의연한 자세', '자연스런 태도'를 견지하는 것이 중요합니다. 굳이 이쪽에서 먼저 상대방의 기분을 맞추는 것은 자칫 품위없는 행동일 수 있습니다. 그런 태도가 마음에 들지 않는다고 상대가 멀어진다면 붙잡을 필요도 없습니다. 친구가 많다고 꼭 좋은 것은 아닙니다.

만약 무엇인가 뜻을 세우고 사람들을 모으고 싶다면 그 목적을 위해 모여드는 사람들에게 협력을 요청하면 됩니다. 그럴 경우 물론 목적을 달성하면 사람들은 각자 자기가 가야 할 길로 떠나버리겠지요. 그런 친구들을 끝까지 쫓아다니며 곁에 두려고 애써도 결국은 바람직하지 못한 이별만이 있을 뿐입니다.

회사는 어떤 경제 행위를 달성하기 위해 존재하는 일시적인 집단에 지나지 않습니다. 그것을 운명 공동체라고 생각하는 것이 오히려 자연스럽지 못한 것입니다. 그런 생각은 봉건사회의 영주와 백성 같은 관계를 기대하기 때문에 나오는 것입니다. 회사, 상사, 동료, 거래처는 모두 어떤 조건 아래에서의 연결고리에 지나지 않으며, 개인의 입장으로 돌아올 경우에는 뿔뿔이 흩어질 수밖에 없는 관계인 것입니다.

물론 경우에 따라서는 그런 무미건조한 관계 속에서도 평생의 친구를 얻을 수는 있습니다. 그런 경우라면 굳이 거부할 필요는 없겠지요.

PART 4

인생의

진정한 승부를

—

생각할 때

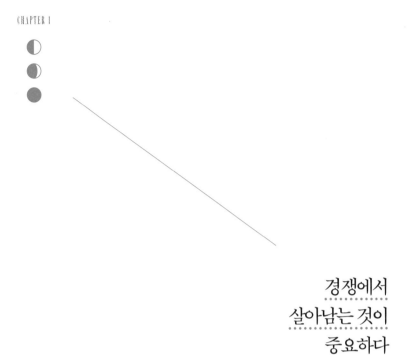

경쟁에서
살아남는 것이
중요하다

삶의 절반에 이르렀을 때, 즉 인생의 전환기에 도달했을 때 생각해야 할 것 중 하나가 '이 시점이 인생의 진정한 승부를 걸 때'라는 것입니다. 그렇다면 무엇에 승부를 걸어야 할까요? 현재 속한 조직에서 이사나 경영진이 되는 것은 어떨까요? 먼저, 소속된 조직에서 승부를 걸었을 경우를 생각해봅시다.

일반적으로 기업에서 삼십 대 초반에 과장으로 승진하는 경우는 매우 드뭅니다. 물론 성과 위주의 시대인 오늘날에는 이러한 평균치가 별로 의미가 없기는 합니다.

나이 삼십에 사업을 시작한다고 하면 주변에서 '너무 빠른 거 아닌가?'라고 말합니다.

그런데 삶의 절반에 도달하게 되면 '이제 나도 한물갔구나' 하고 마치 인생을 다 산 것처럼 낙담합니다. 직책은 중간관리이지만 젊고 능력 있는 젊은이들이 고속 승진하는 것을 보면서 실망하게 되는 것은 조직사회에서 있을 수 있는 함정입니다.

인생의 절반에 이른 현실에 실망하기보다는 이제부터가 승부를 띄울 시기라는 생각으로 새로운 각오를 다짐하는 것이 올바른 자세입니다. 그러기 위해서는 무엇보다도 경쟁에서 살아남아야 합니다.

KBS 〈동물의 왕국〉이라는 프로그램은 많은 시청자들이 즐겨보는 프로입니다. 야생동물의 생태를 다룬 이 프로그램에서는 동물들이 사냥하는 장면을 자주 볼 수 있습니다. 나도 언젠가 육식동물에게 쫓기는 초식동물이 엄청난 속도로 도망가는 장면을 보고 크게 놀란 적이 있습니다. 이처럼 작고 연약한 초식동물이 사자나 표범의 추격을 따돌리는 경우는 생각보다 많다고 합니다.

발이 느린 초식동물은 거의 없습니다. 하긴 발이 느리면 벌써 멸종했겠지요. '누'라는 동물은 태어나자마자 바로 일어서서 달리기 시작합니다. 그렇지 않으면 포식자에게 잡아먹히기 때문입니다.

모든 동물은 살아가는 데 필요한 무기를 갖고 있습니다. 발이 빠르거나 나무타기에 능하거나 땅속에서 생활하는 등등. 그것도 아니면 경이로운 번식력을 갖고 있습니다. 그래야 일부가 포식자에게 잡아먹히더라도 종족을 보전할 수 있겠지요.

생존 능력을 갖고 있지 않은 종족도 있었겠지만 그런 종족은 진화과정에서 멸종하고, 결국 특별한 능력을 가진 종만 살아남게 된 것입니다. 이것이 바로 자연의 법칙입니다.

이 법칙은 인간사회에서도 적용됩니다. 강한 힘을 가진 사람은 살아남고, 힘이 없는 사람은 뒤로 처지게 되는 것입니다. 다행히 현대 문명사회는 사바나 초원과는 달라서 단순히 힘으로만 지배되는 사회가 아닙니다. 그래서 지성, 체력, 기술력, 정신력 등 생존을 위한 다양한 종류의 능력으로 살아갑니다. 꼭 완벽할 필요도 없습니다. 무엇이든 좋으니 한 가지 특기만 있으면 됩니다. 체력이나 감각을 살려 스포츠나 예술 방면에서 활약하는 사람들도 얼마든지 많습니다.

비즈니스 세계도 마찬가지입니다. 사무처리 능력이 뛰어난 사람, 언어에 능통한 사람, 사교성이 좋은 사람, 끈기 있는 사람 등 저마다 특기와 강점이 다릅니다. 그것이 무엇이든 자신의 장점을 살리기만 하면 됩니다. 결점이 있어도 다른 장점으로 대체하면 되지요. 단점을 보완하기 위해 고통받기보다는 장점을 더 강하게 특화시키는 편이 훨씬 낫습니다.

아직 자신만의 무기를 갖고 있지 않은 사람은 서둘러 찾아야 합니다. 누구에게나 반드시 숨겨진 장점 하나쯤은 있기 마련입니다. 자신만의 무기를 발견해 최선을 다해 연마하십시오.

아무것도 없다고 미리 단념해서는 안 됩니다. 존재한다고 믿고 필사적으로 찾으면 머지않아 반드시 발견할 수 있을 것입니다.

백 번 강조해도
부족함이 없는
긍정적인 마인드

당신은 산더미처럼 쌓인 일거리를 앞에 두고 '아직도 많이 남아 있네'라고 생각하는지요, 아니면 '벌써 이만큼이나 일을 끝냈네'라고 생각하는지요? '일이 많아서 짜증 나'라고 생각하는지요, 아니면 '나를 신뢰하니까 이렇게 일을 많이 주었겠지'라고 생각하는지요? 상황을 대하는 자세가 긍정적인가, 부정적인가에 따라 그에 대처하는 자세가 완전히 달라집니다. 똑같은 상황이라도 사고방식에 따라 전혀 다르게 보입니다.

이 세상에는 두 부류의 사람이 있습니다. '그러니까 못 해, 안 해'

라면서 불가능한 이유를 찾아내고는 안도하는 사람이 있는 반면, '그러니까 어쩌면 될지도 몰라. 한번 해보자'라며 가능한 이유를 찾아내는 사람이 있습니다. 두 사람의 차이는 눈앞에 일어난 변화를 보고 불안해하고 걱정을 하는가, 아니면 기대를 갖고 희망을 거는 가에 있습니다.

긍정적인 사고는 인생을 알차게 만들어줍니다. 이 세상은 싫다고 생각하면 싫은 곳이고, 즐겁다고 생각하면 즐거운 곳입니다. 어떤 세상에서 살 것인지는 자신의 선택에 달려 있는 것입니다. 아침에 상쾌한 기분으로 눈을 뜨고는 '좋았어, 오늘도 힘내야지'라고 다짐하는 사람이 있는 반면 축 늘어져서 '회사 가기 정말 싫다'라고 생각하는 사람이 있습니다. 이 두 사람은 완전히 다른 하루를 보내게 됩니다. 점심시간에 신선한 공기를 마음껏 들이키는지, 한숨을 내쉬는지에 따라서도 하루가 달라집니다. 심호흡을 하면 기분이 좋아지지만 한숨을 내쉬면 행복이 하나씩 도망갑니다.

잠자리에 들기 전, '오늘도 좋은 하루였어'라고 말할 수 있으면 얼마나 좋을까요. '오늘도 참 시시하고 지루한 하루였다'고 생각하면서 잠들 때와는 무척 다를 것입니다. 이렇게 되면 푹 잘 수도 있고, 좋은 꿈도 꾸게 됩니다.

긍정적인 사고가 얼마나 중요한지는 아무리 강조해도 지나치지 않습니다. 이 또한 누구나 알고 있는 '당연한 말씀'이지만 종종 망각할 때가 있습니다. 이를 챙겨 언제나 가슴에 새기고 실천하면 큰 힘을 발휘합니다. 당신도 꼭 실행하기를 권합니다.

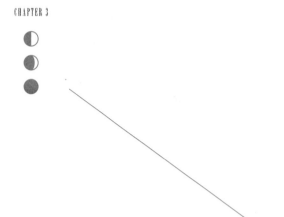

CHAPTER 3

당연한 일은
당연하게
하라

당연한 일을 당연하게 하는 것이 중요합니다.

피가 되고 살이 되는 조언을 해주면 이미 알고 있는 당연한 말이라며 짜증 섞인 표정으로 흘려버리는 사람이 있습니다. 그렇지만 '그 당연한 일을 정말로 당연하게 하고 있는가?'라고 다시 물으면 대개 고개를 젓습니다.

일도 마찬가지입니다. 좋은 방법을 알고 있으면서도 대수롭지 않게 생각해 실행하지 않는 경우가 많습니다. 그런 사람은 자신의 인생에 승부를 걸기 위해서는 즉시 태도를 시정해야 합니다. 아는 것을 그대로 실행하기만 해도 웬만한 일은 대부분 순조롭게 성공합니다.

좋다는 걸 알면서도 몸이 쉽게 움직이지 않을 때가 있습니다. 머리로는 알고 있어도 정작 행동으로 옮겨지지 않는 것입니다. 그러나 움직이지 않으면 어떤 결과도 나오지 않습니다. 오로지 행동만이 결과를 낳게 되는 것입니다. 적시에 행동으로 옮기고 습관처럼 계속할 수 있는 사람은 반드시 성공합니다. 중요한 것은 '당연한 일'을 계속해서 실행하는 것입니다.

그러나 아무리 쉬운 일도 계속하려면 의지가 필요합니다. 머리로는 알고 있어도 좀처럼 실행하지 못하는 것은 게으른 육체의 귀찮다는 '감정'이 일을 해야 한다는 '이성'을 방해하기 때문입니다.

실행을 방해하는 감정을 이겨내려면 이성을 단련시켜야 합니다. 무디고 나태한 감정과 맞서 자신을 통제할 수 있어야 합니다.

이 문제를 해결하는 가장 빠른 방법은 당연하게 생각하는 일은 직접 실행에 옮기는 것입니다. 성공한 사람이라고 해서 남모르는 특별한 비법을 알고 있는 게 아닙니다.

'일찍 일어나고, 매일 한 시간씩 영어공부를 하며 일주일에 네 권 이상 책을 읽는다.'

이처럼 모두가 당연하다고 생각하는 일을 지속적으로 실행할 때 비로소 평범하지 않은 삶이 펼쳐집니다.

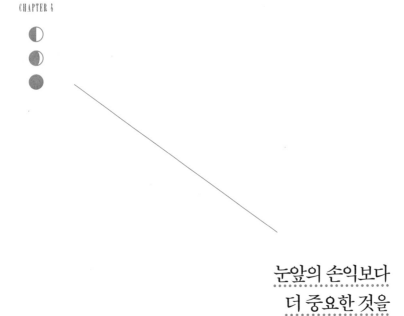

눈앞의 손익보다
더 중요한 것을
찾아라

인생의 절반까지는 눈앞의 손익에 휘둘리지 말고 자신을 갈고 닦는 일에 열중해야 합니다. 직장도 연봉은 얼마나 더 많은지, 수당이 있는지 이런 자잘한 기준으로 골라서는 안 됩니다.

돈을 무시하라는 것은 아닙니다. 다만 약간의 월급 차이는 그다지 중요하지 않다는 것이지요.

월급 100만 원을 받는 A와 200만 원을 받는 B가 있다고 합시다. 앞으로 몇 년 뒤에도 지금처럼 B가 A보다 월급을 두 배 더 많이 받으리라는 보장은 없습니다. A가 B보다 연봉을 몇 배 더 받을 가능성도 얼마든지 있습니다. 연봉이 많네 적네, 이런 데 신경 쓰지 말고 일을 열심히 해야 합니다. 젊은 시절에는 돈 몇 푼에 휘둘리지 말고 실력을 쌓아야 합니다. 눈앞의 이익에 좌지우지되다가는 나중에 엄청난 손해를 볼 수 있습니다.

오늘날에는 근무시간 외에는 절대 일하지 않겠다고 하는 젊은 이들이 많습니다. 또 맡은 바 업무가 끝났든 끝나지 않았든 퇴근시간이 되면 칼 같이 가버리는 태도도 현명하지 못합니다. 또한 야근이 싫다면 근무시간 중에 일을 최대한 많이 하려고 노력해야 합니다. 같은 시간이라도 업무량을 늘려가다 보면 지금보다 두세 배 많은 일을 해낼 수 있습니다. 게다가 그만큼 능력도 향상됩니다.

젊은 시절을 자신을 단련하고 훈련하는 기간이라고 생각합시다. 실력을 쌓다 보면 언젠가는 결실을 맺게 됩니다. 단단한 토대를 만들어놓아야 그 위에 멋진 건축물을 세울 수 있습니다.

이직할 때마다 커리어가 발전하는 사람이 있는가 하면 그 반대인 사람도 많습니다. 토대가 튼튼하지 않으면 좋은 커리어를 구축하지 못합니다.

인생의 절반에 도달할 때까지는 눈앞의 손익에 휘둘리지 말고 온 힘을 다해 능력을 기르고, 기초를 닦는 데 전념하기 바랍니다. 일을 열심히 하다 보면 돈은 알아서 따라옵니다. 이것은 변치 않는 진리입니다.

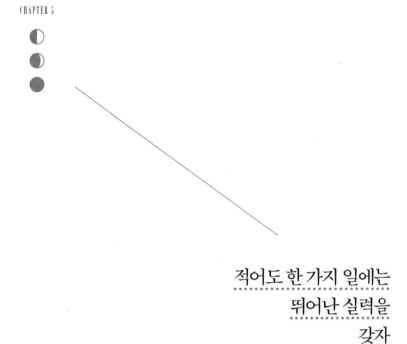

적어도 한 가지 일에는
뛰어난 실력을
갖자

　오늘날 경제가 아무리 어려워도 '명품'은 부르는 게 값이라고 하며, 없어서 못 판다고 합니다. 그래서 중국에서 만든 가짜 명품, '짝퉁'마저 인기라고 합니다. 그만큼 사람들이 명품을 선호하는 것입니다.

　그러면 왜 이렇게 명품에 미쳐 있을까요? 그것은 명품을 통해서 자신의 존재를 과시하고픈 허영심 때문입니다.

　그런데 진짜 명품과 짝퉁은 아무나 구분하지 못합니다. 구분하는 방법을 터득했거나 그 물품에 대한 지식이 없기 때문입니다.

필자는 어느 날 서울 종로의 명품도자기 판매소에 들른 일이 있었습니다. 사실 필자는 명품 도자기를 구분할 줄도, 왜 좋은지도 모릅니다.

"이 분청자기는 명품입니다" 하는 말을 들어도 그것을 감상할 줄 모르기 때문에 그저 값만 물어보게 됩니다. 하지만 그런 명품에는 분명 일반인이 알지 못하는 차이가 존재합니다.

클래식 마니아는 CD에서 흘러나오는 음악을 조금만 듣고도 '지휘자가 빌헬름 푸르트벵글러'라고 알아맞힙니다. 그 지휘자의 작은 음악적 특징을 알기 때문입니다. 이렇듯 관심 있는 분야에 집중하다 보면 일반인이 도저히 느낄 수 없는 질의 차이를 알게 됩니다.

인생의 절반에 이르렀을 때는 적어도 '그 분야에서만큼은 보는 안목이 있다', '그만하면 괜찮은 사람이다'라는 말을 들을 수 있어야 합니다. 그래야 인생을 깊이 있게 살아갈 수 있습니다.

인간은 늙기 마련입니다. 하지만 인생 절반의 나이를 먹었다면 아무 쓸모가 없는 고물차처럼 되지 말고 주위 사람들의 눈길을 잡아당길 수 있는 멋스러운 사람이 되어야 합니다.

그런 사람이 되려면 어떻게 해야 할까요?

시대와 유행이 바뀔 때마다 그것을 좇느라 바쁜 사람은 고고한 인품을 갖추기 어렵습니다. 하지만 유행을 주시하면서도 가끔은 멈추어 서서 '이대로 계속 유행만 좇아도 괜찮을까?', '정도를 벗어나지는 않았을까?'라고 자문해보고, 어디까지나 진품을 추구하는 진지한 태도를 지켜 나가면 멋있는 사람이 될 것입니다.

정보의 쓰레기에서 벗어나는 길

한 IT전문가는 "앞으로 인터넷 세계에서는 정보의 쓰레기 처리 문제가 큰 이슈로 등장할 것이다"라고 했습니다. 편지 한 통 쓸 시간이면 수백 통의 메일을 한꺼번에 보낼 수 있게 되었기 때문에 수신자는 인터넷 쓰레기 속에서 지내게 될 것이라는 말입니다.

또 휴대전화와 스마트폰의 보급으로 사람들의 생활양식이 획기적으로 바뀌었습니다. 언제 어디서나 간편하게 통화는 물론이고 다양한 스마트폰 기능을 활용할 수 있는 만큼 24시간 내내 정보의 늪에서 살고 있는 것입니다.

이런 상황에서는 조용히 고독을 즐기거나 명상에 잠길 수 없습니다. 따라서 삶의 절반에 도달한 지금 이러한 기구의 사용에 대한 새로운 규칙을 만들어 정보 쓰레기에서 벗어나고, 스트레스에서 해방되어 삶을 즐길 수 있는 지혜를 찾아야 합니다.

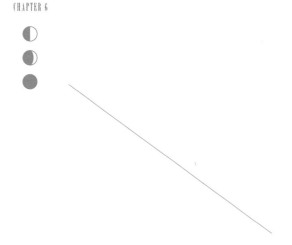

두 마리 토끼를
쫓아도 된다

변호사를 하면서 모텔을 경영하는 사람이 있습니다. 또 학원강사를 하면서 출판사를 운영하거나 낮에는 대기업 사원이면서 밤에는 자기 사업을 하는 사람을 주변에서 얼마든지 볼 수 있습니다.

옛 속담에 '두 마리 토끼를 잡으려다 한 마리도 잡지 못한다'는 말이 있습니다. 뭔가 한 가지를 제대로 이루려면 다른 일은 돌아보지 않고 그 일에만 전적으로 몰두해야 한다는 뜻입니다.

지금도 이런 생각을 가진 사람이 있을 것입니다. 그런 사람은 '하고 싶은 일은 정년퇴직 후에 해도 되지 않을까요? 물론 준비는 미리 해두어야겠지요. 그때 가서 이제 뭘 할까 생각하면 곤란할 테니까요'라고 말할지도 모릅니다.

그러나 현대와 같이 급변하는 시대에는 '아이디어는 떠오르는 즉시 실행'하는 편이 매우 좋습니다. 미적거리고 있다가는 선두를 빼앗기거나 진부해질 우려가 있기 때문입니다. 또 정년 이후에 새롭게 일을 시작하면 성공할 확률이 매우 낮다는 조사 결과가 나와있기도 합니다.

사람은 누구나 다른 일을 하고 싶어 하는 열망을 가지고 있습니다.

회사를 경영하고 있는 어떤 사장은 식품관계 회사를 세워 성공했으나 지금도 선원에 대한 꿈을 버리지 못하고 있습니다. 평범한 회사원 가운데서도 '난 사실은 이런 일이 하고 싶었어' 하는 마음을 품고 있는 사람이 있을 것입니다.

제2의 인생을 충실히 살기 위해서는 제1의 인생이 한창 무르익고 있을 때 대비해야 합니다. 제1의 인생에서는 샐러리맨으로 살다가 제2의 인생에서는 사장으로 지내는 사람도 있습니다. 예전에는 부업을 인정하지 않는 회사가 많았지만 지금은 꽤 관대해졌습니다. 만약 회사에서 부업을 못마땅해한다면 아내의 명의로라도 할 수 있을 것입니다.

한 통계에 따르면 '정년까지의 노동 시간과 퇴직 후 여든까지의 자유 시간은 각각 10만 시간으로 같다'고 합니다. 대부분의 경우 정년까지 보낸 10만 시간은 자신의 뜻대로 채워지지 않았을 것입니다. 그러나 정년 후의 10만 시간은 마음만 먹으면 자신의 뜻대로 쓸 수 있습니다. 그런데도 이 시간을 아무렇게나 보낸다면 너무 아깝지 않겠습니까? 또 제2의 인생이 전혀 즐겁지 않다면 삶의 의미가 없습니다. 정년까지 일한 시간과 정년 후 20년 동안 주어진 자유 시간이 같다는 것은 참으로 놀라운 일입니다. 그러므로 더더욱 제2의인생은 의미가 깊습니다.

우리는 어느덧 평생직장의 개념이 사라지고 평균수명도 100세 이상을 바라보는 시대에 살고 있습니다. 아무리 안정된 직장을 다녀도 평생 다닐 수 있다는 보장이 없고 늘 다른 일을 염두에 두며 또 다른 도전을 준비해야 하는 시대에 살고 있습니다. 젊은 사람이나 나이 든 사람이나 상황은 똑같습니다. 그래서 우리는 늘 '현재의 안정된 상황에 머물 것인가, 새로운 일을 찾아 도전할 것인가?'를 생각해야 합니다.

《제2의 인생을 위한 선택》의 저자 오카자키 타로는 그의 책에서 "뭔가 불안함을 느끼고 있다면 그 불안을 구체적으로 분석하고, 그 것이 미래에 대한 불안이라면 과감히 새로운 출발을 하라. 우리가 처한 상황을 새롭게 해석하면 언제든 새롭게 시작할 수 있는 기회의 시간이 지금일지도 모른다. 누구에게나 선택의 기회는 있으며 원하든 원하지 않든 새로운 도전들을 적극적으로 모색해야 하는 것은 누구도 피해갈 수 없는 당면 과제가 되었다."고 기록했습니다.

반드시 꼭 하나의 일을 하며 살 필요는 없습니다. 하고 싶은 것이라면 두 마리든 세 마리든 더 많은 토끼도 쫓을 수 있습니다. 한계를 지우고 제2의 인생에 대해 적극적으로 생각해보는 시간을 가지면 좋겠습니다.

당당한
프로가
되어라

오랜 세월 동안 일밖에 모르고 생활한 사람은 '무엇이든 자유롭게 행동하라'라는 말을 들어도 무엇을 어떻게 해야 좋을지 판단하기 어려울 것입니다.

인생 설계 세미나나 각종 책을 통해서 방법을 찾아보아도 결국 이렇다 할 대상을 발견하지 못한 채 다시 일을 선택하게 되는 사람이 꽤 많습니다. 일을 하면 수입도 올릴 수 있고, 남아도는 시간에 무엇을 해야 할지 고민할 필요도 없습니다. 또 매일 규칙적인 생활을 할 수 있을 뿐만 아니라 직장에 출근하면 동료들을 만나

유쾌한 시간도 가질 수 있습니다. 그러니 일을 한다는 것은 그야말로 '일석사조'의 효과가 있는 것입니다.

반대로 '일 대신 무엇을 할 수 있는지 생각하라'는 말을 들으면 여러 가지 걱정이 앞설 수도 있습니다. 우선 금전이 문제가 됩니다.

다른 사람의 말을 듣고 무엇인가 취미를 발견했는데 그것이 골프라면 어떻게 해야 할까요?

지금까지 골프를 한 적이 없는 사람이 처음으로 골프를 시작하면 기본적인 테크닉을 배우기 위해 돈이 들어갑니다. 도구도 구입해야 하고, 연습장을 드나들 때에도 돈이 필요합니다. 간신히 필드에 나가게 되었다고 해도 클럽에 가입하기 위한 입회금이 필요하고, 플레이를 할 때마다 상당한 비용이 들어갑니다.

또 지금까지 회사의 배려로 골프를 즐겼던 사람은 레슨비용이나 도구 구입 비용은 필요하지 않지만, 모든 것이 접대비로 처리되었던 과거의 상황과 비교하면 자신의 주머니에서 돈을 지불해야 하는 상황은 만만치 않은 고통으로 작용할 수 있습니다. 때문에 현역에서 은퇴하여 취미로 골프를 한다는 것은 금전적으로 상당한 여유가 있는 사람이 아니면 쉽지 않은 일입니다. 물론 전혀 불가능한 일은 아니지만 금전적인 부담을 느끼는 이상 일단 의욕이 생기지 않을 것입니다. 만약 자신의 돈을 아끼려 한다면 회사의 공금을 함부로 사용하는 결과를 낳게 됩니다. 그래서 보통의 경우 골프는 아직까지 취미나 스포츠가 아닌 '업무의 연장'이라는 형태에 지나지 않습니다.

여기에서는 골프를 예로 들었지만 당연히 골프에만 해당되는 이야기는 아닙니다. 요트, 승마, 여행 등은 시간과 돈에서 자유로운 부자들이나 회사 접대용, 그리고 돈 많은 부모를 둔 재벌 2세들이나 즐길 수 있는 취미활동입니다. 그룹으로 즐기는 시스템은 있지만 개인적으로 즐길 수 있는 구조는 형성되어 있지 않은 것입니다. 테니스나 스키는 그보다는 일반적이라고 할 수 있지만 이 역시 젊은 사람들을 중심으로 이루어진 시설이 많아 중·장년이 여유롭게 즐길 수 없는 경우가 많습니다.

일에만 열중하여 살아온 사람은 일을 그만두어도 생활할 수는 있다 해도 현재 우리의 상황에서는 취미활동을 하는 데 큰돈이 들어가는 경우가 많기 때문에 쉽게 덤벼들 수 없는 것이 사실입니다. 이런 사람들의 입장에서 일을 그만둔다는 것은 수입 감소, 지출 증가라는 더블 펀치를 맞는 결과가 됩니다.

그러나 이것은 연구하기에 따라 달라질 수 있습니다. 때문에 대부분의 사람들은 이런저런 고민을 하는 것보다 일을 계속하는 것이 훨씬 마음 편하다고 생각합니다.

정말 그렇게 살아도 좋은 것일까요?

일을 계속한다는 것 자체는 바람직한 태도라 해도 일에 대한 의식은 반드시 바꾸어야 합니다. 같은 일을 하더라도 좋아하는 일, 흥미를 느끼는 일, 자신의 존재 가치를 인정받을 수 있는 일을 해야 하는 것입니다. 그저 회사에서 시키는 대로 어쩔 수 없이 하는 태도는 바람직하지 않습니다. 마음의 여유를 가지고 사생활도 충분히 즐길 수 있어야 합니다.

그런 일이 가능하냐고 반문하는 사람도 있을 테지만 이에 대한 의식이 열려 있는 사람은 충분히 가능하다고 생각합니다. 그러니까 회사와 대등한 관계에서 고용계약을 체결할 수 있는 사람이라면 자신의 사생활을 즐길 수 있는 권리도 당당하게 주장할 수 있을 것입니다.

PART 5

마음의
———
여유를 갖자

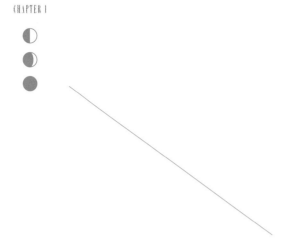

자신만을 위한
시간을 갖자

삶의 절반을 넘어서면서부터는 어느 때보다 진지하게 살아야 합니다. 이 시기를 어떻게 보내느냐에 따라 나머지 인생이 행복하기도 하고 불행해지기도 합니다.

흔히 남자는 30대부터 의욕적으로 일할 나이라고 말합니다. 삶의 절반에 이르면 사회인으로서 어느 정도 경험도 축적했고, 업무의 능력도 궤도에 올라 능숙하게 처리할 수 있습니다. 체력과 기력도 한창 왕성할 때이지요. 그러니까 삶의 절반 이후부터가 인생에서 가장 바쁜 시기입니다. 그러나 아무리 바쁘더라도 삶의 절반이 지난 때부터는 자신을 위한 시간을 가져야 합니다.

삶의 절반이 한참 지난 50대가 되면 대부분의 사람들은 삶에 여유가 생깁니다. 이 시기에는 회사에서 지위도 오르고 자녀들도 독립을 했으므로 부담이 줄어들며, 그동안 짊어지고 있던 여러 가지 의무와 책임에서 조금씩 벗어나 안정감을 찾을 것입니다. 그러나 취미 활동으로 무엇을 해볼까 생각하고 우물쭈물하다 보면 어느덧 60이라는 나이가 코앞에 닥칩니다. 따라서 인생을 풍요롭게 보내기 위해서는 삶의 절반이 지나기 전 아직 왕성하게 활동할 수 있을 때 자신을 위해서 취미를 한두 가지 가져야 합니다.

일류기업에서 왕성하게 활동하던 사람이 퇴직 후에는 전혀 다른 사람처럼 의욕을 잃고 초라해지는 경우가 있습니다. 이는 인생의 절반에 이르렀을 때 아직도 자신의 남은 인생이 무궁무진하게 많이 있는 줄로 착각하고 노후의 삶에 대비하지 않았기 때문입니다. 그러나 절반이 지난 이후부터의 세월은 이전보다 훨씬 빨리 지나가므로 왕성한 활동을 하는 시기에 미리 여러 분야에 관심을 기울여 교양을 넓혀야 하는 것입니다.

'바빠서 그럴 시간이 없다'고 말하는 사람들이 많습니다. 그러나 일에 투자하는 시간 못지않게 자신만을 위한 시간을 가져야 합니다. 미래를 준비하는 때는 정해져 있는 것이니 그때에 자기를 위한 시간을 갖지 못하면 후에는 갖기가 매우 힘들어질 것입니다.

체력이 가장 왕성한 때 눈 딱 감고 일만 하다가 정년퇴직을 하게 되면 정작 노후에는 무료한 시간과 싸워야 합니다.

지금은 종료된 KBS 〈남자의 자격〉이라는 프로그램에서 52세 이상 남녀 합창단원을 모집했을 때의 일입니다. 한 호텔 사장은 합창단을 지원하게 된 동기를 묻는 질문에 "삼십오 세에 호텔 사장이 되어서 오십 세가 넘은 지금까지 남을 위해서 사느라고 나 자신을 위해서는 한순간도 살지 못했는데 그것이 억울하여 지원하게 되었습니다"라고 답했습니다. 젊은 시절에 일에만 매달려 산 사람은 노후에 그간 자신을 위해서 살지 못했음을 깨닫고 후회를 하게됩니다.

　또 평생 일만 하다가 정년을 맞은 한 제조업체 사장은 50대에 은퇴하여 이제부터는 여유를 갖고 자신을 위해서 시간을 갖고 즐기겠다고 생각했지만, 정작 은퇴하고 나니 일주일 동안 전화 한 통 오지 않더라면서, 참으로 잘못 살았다고 후회하는 말을 했습니다.

　인생의 절반이 지난 뒤 여유가 생기면 그때부터 회사 밖의 사람들과 어울리겠다는 생각은 바른 판단이 아닐 수 있습니다. 그러니 최소한 절반에 도달했을 때에는 인맥을 쌓도록 해야 합니다.

　'인생의 절반에 도달해서 할 수 없는 일은 몇 살이 되든 할 수 없다'는 사실을 명심하고 자신만을 위한 시간을 갖도록 합시다.

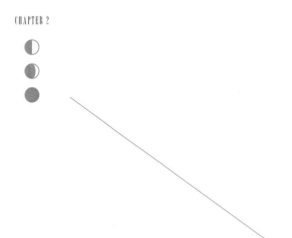

균형을
유지하자

우리나라 직장인은 주 40시간 정도를 근무하도록 되어 있는 규정보다 많은 53시간을 일하고 있습니다. 야근과 주말 근무 등을 합쳐서 30퍼센트 이상 더 하는 셈입니다. 그러다 보니 개인생활을 누리기는커녕 만성 스트레스와 피로로 인한 과로사가 40대의 사망률 1위를 기록하고 있는 실정입니다 그런데 놀랍게도 세계적인 CEO들은 1주일에 70시간에서 80시간 일한다고 합니다. 그러면 그들의 개인생활은 없을까요?

아닙니다. 그들의 삶을 자세히 들여다보면 누구보다도 자신의 삶을 즐기고, 가족과도 안정적인 관계를 유지하는 것으로 나타납니다. 어떻게 그런 일이 가능할까요? 그들은 삶에서 '균형'을 절대적인 가치로 삼고 실행하기 때문입니다.

그러면 균형이란 무엇을 말하는 것일까요?

그것은 최소한의 기본을 의미합니다. 주 40시간 일하고도 53시간 일하는 사람보다 능률이 오른다면 얼마나 좋겠습니까. 현재 상황이 그렇지 않다고 해서 일 때문에 다른 모든 것을 포기한다면 그로 인해 잃는 것이 너무 많습니다. 가족 중에 누가 아파도 출근해야 하기 때문에 그를 데리고 병원에 가지 못한다면 그것이 과연 정상적인 삶일까요? 그러고도 회사 업무에 집중할 수 있을까요?

오늘날 기업문화의 발전으로 기업에서 이런 상황을 배려하는 풍토가 이루어지고 있는 것은 천만다행입니다. 그런데 정작 당사자는 이런 준비가 매우 부족한 것이 현실입니다.

사람들은 건강을 잃고 나면 후회합니다. 분명 그들은 자신의 건강이 조금씩 나빠지고 있음을 알고 있었을 것입니다. 그러나 대부분은 괜찮겠지 하며 관리를 하지 않습니다. 그러다가 어느 순간 한계를 넘어서면 결국 회복할 수 없을 정도로 훼손되고 맙니다. 최소한의 건강검진과 휴식, 회복의 시기를 잘 관리하면 우리 몸은 심각하게 망가지지 않습니다. 특히 인생의 전환기에 들어선 사람들은 무엇보다도 균형 있는 삶을 살아야 합니다.

그렇다면 균형 있는 삶을 살기 위해서는 어떻게 해야 할까요?

리처드 K. 빅스는 자신의 저서《일과 인생의 균형잡기 밸런스》에서 "일과 인생에서 균형을 잡기 위해서는 우선순위를 정하는 것이 먼저다."라고 이야기하며 구체적인 우선순위 실행단계인 '5D 시스템'을 사용하라고 말했습니다. 5D 시스템이란 다음과 같습니다.

첫째, 중요도를 결정하라.

"지금 당장 내가 해야 할 가장 중요한 일이 무엇인가?" 질문하여 우선해야 할 것이 무엇인지 확실히 알아야 한다.

둘째, 최종 기한을 설정하라.

매일 저녁에 다음 날 할 일들을 정해 둔다. 시간대를 지정하여 목록을 만든다.

셋째, 실행계획을 결정하라.

일의 우선순위가 매겨지고 최종 기한이 정해지면 가장 좋은 방법을 생각해내라. 실행계획은 시간을 절약해주며 실행에 옮기는 습관을 길러준다.

넷째, 가능하다면 권한을 위임하라.

한 사람이 모든 일을 다 잘할 수는 없다. 당신이 잘할 수 없는 일은 잘 해낼 수 있는 사람에게 맡겨라.

다섯째, 행동하라.

꿈과 계획도 중요하지만 행동이 없다면 아무것도 이룰 수 없다.

이전에는 이런 삶을 살지 못했다면 인생의 절반쯤에서 이 시스템을 한번 적용해보는 것은 어떨까요? 일은 효율적으로, 인생은 더욱 자유로워질 것입니다.

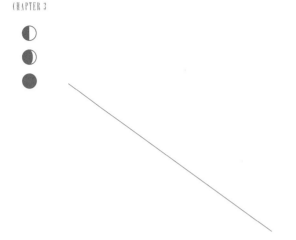

자유로운
시간을
많이 갖자

인생의 불길이 한참 활활 타오르다가 조금씩 사그라들려고 하
는 시기가 되면 취미나 남은 삶의 준비를 생각해야 합니다. 그렇지
않고 거의 꺼져가는 시기에 생각하기 시작한다면 그때는 이미 늦
습니다. 인생의 절반이 잘 풀려 정년까지 행복한 시간을 보내다가
갑자기 은퇴한 사람일수록 불행해질 확률이 큽니다.

좌절을 경험하지 않으려면 이를수록 좋습니다. 즉, 삶의 절반에
도달했을 때가 가장 적합한 시기인 것입니다.

현실을 직시하고 진정한 자신을 순수한 마음으로 바라보며 스

스로에게 솔직하게 사는 것이 중요합니다. 물론 인생의 절반에 도달해서 여러 가지로 손을 쓴다고 해서 모든 것이 뜻대로 진행된다는 보장은 없습니다. 살아 있는 한 골치 아픈 문제나 걱정, 고민은 항상 존재합니다.

한 기업인에게 최고의 행복은 무엇이라고 생각하느냐고 질문을 하자 '자유로운 시간을 갖는 것'이라고 답변했습니다.

맞는 말입니다. 아무리 높은 지위에 앉아 있고 많은 수입을 올린다고 해도 늘 시간에 쫓겨 생활한다면 그것은 진정으로 행복한 인생이라고 할 수 없습니다.

그런 의미에서 삶의 절반에 이른 사람 대부분은 진정한 풍요로움을 누리고 있다고 말할 수 없습니다. 그러나 지금 풍요로운 삶을 누릴 수 있는 조건을 만들 수 있는 가장 바람직한 조건에 놓여 있는 것은 분명합니다.

마음의 평안을 누리고 있는가

인생의 절반에 도달해서 자유로운 시간을 가질 수 있다는 것은 확실히 행복한 삶을 누릴 수 있는 조건 중의 하나임에는 분명합니다. 그러나 그 자유로운 시간을 아무 하는 일 없이 보낸다면 의미가 없습니다. 나아가 그 자유로운 시간이 걱정의 씨앗이 된다면 남은 절반의 삶은 비참한 삶이 될 것입니다. 그러므로 자유로운 시간에 무엇을 할 것인가 하는 것이 남은 삶을 보람 있게 보내기 위한 중요한 과제가 됩니다.

지금까지 우리의 행동은 주위 사람들이 하니까 나도 한다는 식의 맹목적 추종이 많았습니다. 취미에 있어서도 남들이 골프를 치니까 따라서 하는 경향이 많았습니다. 하지만 이제 인생의 절반에 이르러서는 그런 패턴에서 벗어나야 합니다. 근래에 들어 그런 주체적인 행동을 하는 사람들이 점차 많아지고 있는 것은 참으로 다행한 일입니다.

이제 앞으로는 자유로운 시간을 갖는 것과 동시에 우리가 확보해야 하는 것은 마음의 평안입니다.

아무리 거대한 부를 축적하고 높은 자리에 앉아 큰 사업을 이루었다고 해도 그것을 잃게 되지는 않을까, 하는 고민으로 날을 보낸다면 그것은 결코 행복한 삶이 아닙니다.

그 어떤 것에도 움직이지 않는 마음, 진정한 마음의 평안을 확보하는 일은 의외로 어렵다는 사실을 그동안의 삶을 통해서 깨달았을 것입니다. 따라서 흔들리는 마음을 억제하기 위해 노력하는 것이 삶의 절반에 도달한 사람들이 해야 할 일입니다.

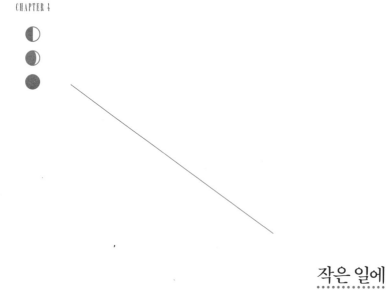

작은 일에
연연하지
말자

추억을 떠올리며 웃을 수 있는 사람은 여유가 있는 사람입니다.

이런 현상은 할리우드 영화에서 흔히 찾아볼 수 있습니다.

절체절명의 위기에 처했을 때 주인공은 예전에 있었던 일이나 앞으로 일어날 미래에 대해서 이야기합니다.

"어떻게 하면 이 위기에서 벗어날 수 있을까?"

그것에만 생각을 집중하는 것이 아닙니다. 사람은 원래 궁지에 몰리면 한가롭게 추억이나 떠올리며 웃을 수는 없습니다.

'이럴 땐 어떡하지?', '이 문제를 해결하지 못하면 큰일인데!'라고 눈앞의 일에만 집중하게 되어, 추억을 떠올릴 수 있는 마음의 여유가 없습니다.

반면 '예전에 이런 일이 있었는데 그때는 참 힘들었지'라고 과거를 회상할 수 있는 사람은 눈앞에서 일어나고 있는 일도 여유롭게 받아들일 수 있습니다.

마음의 여유가 없으면 지금 일어나고 있는 일에 대해서 적절히 대응할 수 없습니다. 모든 생각이 한 가지 일에만 집중되어 다른 방법을 구상할 수 없는 것입니다.

영웅에게 당하는 악당은 눈앞에서 일어나는 작은 일에 정신이 팔려서 다른 것을 생각할 여유가 없습니다. 반면에 영웅은 옛날이야기를 회상하는 여유를 보일 수 있습니다. '어린 시절에 이런 일이 있었지', '자네를 처음 만났을 때 이러했는데……'라는 식으로.

추억을 떠올리며 웃는 웃음에는 여러 가지 요소가 포함되어 있습니다. 눈앞의 작은 일에 연연하지 않고 과거와 현재, 미래에 대해서 말할 수 있는 여유가 깃든 멋진 미소인 것입니다.

어린 시절의 친구나 동창들과 이야기하다 보면 웃음이 그치지 않을 때가 있습니다. 그런데 눈물이 나올 정도로 웃는 것은 그리움과 애절함을 전부 포함해서 '그때는 정말 비참했지'라고 생각할 때일 것입니다. 추억을 떠올리며 웃는 웃음은 어떤 웃음보다 더 아름답게 마련입니다.

코미디 프로그램을 보고 있으면 자기도 모르게 웃음이 터져나오는 경우가 있습니다. 그것은 지금의 코미디가 재미있기 때문만은 아닙니다. 예전에 그와 똑같은 경험을 했던 자신의 모습이 떠오르기 때문일 수도 있습니다.

다른 사람을 보고 웃을 때는 진정한 웃음으로 이어지지 않습니다. 다른 사람이 실수했을 때, '바보 같은 짓을 저질렀군!' 하고 웃는 것은 냉소나 업신여김에 지나지 않습니다. 하지만 자신을 객관적으로 되돌아볼 수 있으면 환하게 웃을 수 있습니다. 그리고 마음의 여유가 있는 사람은 '나도 그런 실수를 저지른 때가 있었지'라고 공감의 웃음을 터뜨릴 수 있습니다.

'그때는 나도 젊었지. 그래서 많은 실수를 저질러서 주변 사람들에게 폐를 끼쳤는데……. 지금 와서 돌이켜보면 대단한 일이 아니지만 그때는 죽고 싶은 심정이었어.'

이렇게 지난날을 되돌아보며 웃을 수 있는 것은 마음에 여유가 있기 때문이며, 그것이야말로 진정한 어른의 웃음이라고 할 수 있습니다.

당신은 지금 진정한 어른의 웃음을 웃고 있습니까?

정통한
능력을 갖자

중립적이고 객관적인 입장에 서서 보면 진정한 능력이 보입니다.

특별한 욕심 없이 남에게 순수한 충고를 한다든지 자기 회사의 제품을 무리하게 강요하는 것이 아니라 상대를 생각해서 중립적이고 객관적인 입장에서 추천해줄 수 있는 사람이라면 그는 성공한 사람일 것입니다.

앞으로의 시대는 넓은 시야를 가지고 '생활하는 사람으로서의 감각', '사용자로서의 감각'을 갖추어야 합니다. 그래야 자신이 근무하는 회사에도 도움을 줄 수 있고, 본인의 매력도 고양시킬 수 있습니다.

평범한 회사원으로서는 얻을 수 없는 친구나 정보를 갖추게 되면 타인에게 제공할 화제가 풍부하기 때문에 재미있는 사람이라는 평가를 받게 됩니다.

예를 들어, '소매업의 상점 주인, 또는 그 가족이 어떤 상황에서 어떤 행동을 취하는가?'를 관찰하는 것은 제조업, 유통업, 금융업 등의 산업에 종사하는 사람들의 관심 사항일 것입니다. 하지만 그런 사람들은 일반적으로 대기업의 샐러리맨이어서 결코 소매업을 운영하는 상인들의 실생활을 깊이 들여다보기 어렵습니다.

업계의 모임 등에서는 '소매업을 하고 싶은 생각은 없다', '소매업에서는 활력을 느낄 수 없다'라는 식으로 불평만 늘어놓을 뿐, '어떻게 해야 소매업을 활성화시킬 수 있는가?', '소매업자들이 관심을 가지는 사항은 무엇인가?' 등 소매업자의 입장에서 상담해주는 사람은 매우 드뭅니다. 때문에 욕심이 없는 사람의 가치는 더욱 높아지고 그런 사람이 제공하는 정보나 새로운 아이디어는 좋은 평가를 받게 됩니다.

소매업을 운영하는 상인은 대형업체의 소매 점포 진출이나 이렇다 할 성장 상품이 없는 현실 상황에 활력을 잃어가고 있습니다. 거기에다 문제를 더욱 악화시키는 것이 후계자 부족 문제입니다.

상인의 자녀들은 부모가 아침부터 저녁까지 쉬지 않고 일하는 모습을 보면서 가업을 물려받겠다는 생각보다는 대부분 대기업의 샐러리맨이 되고 싶어 합니다. 그런 사람들에게 새로운 아이디어나 정보를 제공해주고, 이벤트, 디스플레이 기법, 또는 전업이나 겸업에 의해 돌파구를 개척한 사례를 가르쳐주는 사람이 있습니다. 그러면 상대방은 친척과도 같은 친근감을 가지게 될 것입니다.

쉴 새 없이 동요하는 변화 속에서 상인들은 자신의 입장에 서서 상담해주는 상대를 바라고 있는데, 일반 회사, 상사, 은행 등은 판에 박힌 상담, 예를 들면 자사의 이익에만 도움이 되는 것을 강요하는 일밖에 해주지 않는 데 문제가 있습니다. 그들은 넓은 시야와 욕심 없는 마음으로 상인들이 무엇을 원하는지, 어떻게 행동해야 흥미를 느끼는지 간과하는 것입니다.

진정한 능력이 무엇인지 간파한 사람은 어떤 분야에서든 강해질 수 있습니다. 그런 사람 주위에는 핵심을 찌르는 충고를 듣기 위해 많은 사람들이 모여들게 됩니다. 그러나 '뭔가 돈을 벌 수 있는 것이 없을까?', '뭔가 솔깃한 정보가 없을까?', '뭔가 조금이라도 유익한 상담을 할 수는 없을까?', '의지할 수 있는 동료는 없을까?' 이런 식으로 단편적인 결과만을 원하는 사람은 큰 결과를 기대할 수 없습니다. 그중에는 터무니없는 이야기에 귀가 솔깃해져서 큰 낭패를 보는 사람도 있지요.

인생 후반기에 들어서면 무엇이라도 상관없으니 한 가지 정도의 정통한 능력을 갖추어야 합니다.

물론 이것은 말로는 쉬워도 실제로는 매우 어려운 일입니다. 상당한 지식과 자신감을 가지고 있는 사람이라도 쉽지 않습니다. 하지만 여기에도 비결은 있겠지요.

다른 사람에게
도움이 되자

'인생 후반에는 무엇을 해야 하는가?'라는 문제에 초점을 맞출 때, 그것은 좋은 일자리도 아니고, 많은 이자를 받을 수 있는 사채 시장을 개척하는 것도 아닙니다. 또 자녀들로부터 노후를 책임지 겠다는 약속을 받아내는 것도 아닙니다.

물론 좋은 일자리를 얻거나 높은 이자를 받을 만한 대상을 확보 한다면 바람직하겠지요. 그러나 그것은 결코 쉬운 일이 아니니 앞 으로 어떤 일이 닥치더라도 대처할 수 있게 지식이나 능력을 개발 하거나 연마해두고, 그런 정보를 줄 수 있는 동료를 만드는 데 신 경을 쓰는 것이 더 중요합니다. 그리고 무엇보다 자기 자신이 무엇을 좋아하는지, 무엇을 할 때 즐거움을 느끼는지, 무엇을 하고 싶은지, 어떤 점에서 다른 사람에게 도움이 될 수 있는지 등을 확실하게 간파하는 것도 중요합니다. 중요한 문제는 바로 그런 점들을 어떻게 구체적으로 파악하고 설정하는가입니다.

그 한 방법이, 자신이 '저렇게 살고 싶다'고 생각하는 상사나 선배를 롤 모델로 삼아 철저하게 연구하는 것입니다. 또는 일을 통하여 알게 된 사람, 학창 시절의 친구, 사회적 교류를 통하여 알게 된 사람, 지역 주민, 친척, 취미를 통하여 알게 된 동호인들 중에서 '정말로 마음이 맞는 친구'를 선별하는 것도 좋은 방법입니다. 그래서 그런 사람들과의 교류와 정보를 바탕으로 자신의 라이프 스타일을 서서히 굳혀가는 것입니다.

또 하나의 방법은 자신에게 진심으로 조언해줄 수 있는 멘토를 찾는 것입니다. 훌륭한 멘토를 만나면 삶이 풍부해질 것입니다.

초조해야 할 필요야 없지만 그렇다고 언제까지나 우물거리며 결정을 미루어서는 안 됩니다. 행동을 취해야 합니다. 예를 들면 몸과 마음이 모두 건강할 때 장기 체류형 휴양지를 체험해보는 것은 어떨까요? 해외여행도 이 나이 때 해두어야 합니다. 두 다리로 너끈히 걸어다닐 수 있을 때에 말입니다. 나이를 먹으면 그만큼 몸이 말을 듣지 않는다는 점도 염두에 두시기 바랍니다. '흥'은 몸에 비례합니다. 기쁨이 넘쳐 '흥'이 돌 때 여행도 보다 즐겁지 않겠습니까!

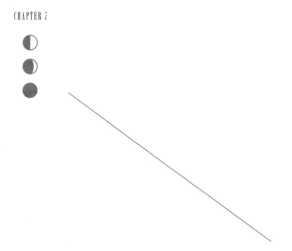

웃음을
잃지 말자

웃음에는 그 사람의 삶이나 인생관이 그대로 배어 있습니다.

웃음을 보면 그 사람이 얼마나 행복한지, 어떤 삶을 살고 있는지 알 수 있습니다. 웃음에는 그 사람이 살아가는 모습이나 삶에 대한 자세가 담겨 있기 때문입니다. 인생의 절반을 보낸 사람이라면 더욱 그렇습니다.

웃음은 사람에 따라서 모두 다릅니다.

큰소리로 웃는다고 해서 반드시 좋은 웃음이라고는 할 수 없습니다. 저승사자처럼 공포스러운 웃음이 있는가 하면 영웅호걸처럼 호탕한 웃음도 있습니다. 또 똑같이 미소를 짓고 있어도 다정하게 느껴지는 사람이 있는가 하면 냉혹하고 차갑게 느껴지는 사람도 있습니다. 웃음 자체가 아니라 어떤 종류의 웃음이냐 하는, 웃음의 질(質)이 그 사람을 파악하는 바로미터입니다.

젊은 시절에는 웃음에 대해서 일일이 계산하지 않습니다. 10대에는 어떤 행동을 해도 귀엽고 사랑스럽습니다. 음흉한 계산을 하지 않는 그들의 웃음은 더할 수 없이 신선하고 상쾌합니다. 하지만 20대가 되어 직장인이 되면 마냥 상쾌하게 웃을 수만은 없습니다.

일단 회사에서는 '모든 사람을 웃는 얼굴로 대하라'라고 말합니다. 그와 동시에 단순한 인간적인 만남이 아니라 업무에 관련된 사람과의 만남이 많습니다. 때문에 여러 가지 계산이 들어갈 수밖에 없습니다. 머릿속으로 어디에서 웃어야 할지 열심히 계산하는 것입니다. 때로는 거래처에 잘 보이기 위해서 억지로 웃어주기도 합니다.

그러면 10대 시절처럼 아무 거리낌 없이 밝고 해맑게 웃을 수 없게 됩니다. 그런 상황이 계속되면 자신이 어디에서 왜 웃고 있는지조차 모릅니다. 사람은 웃을 때 본성이 밖으로 드러나기 마련입니다. 그러므로 인생 후반대에는 10대처럼 밝고 상큼하게 웃을 수 있느냐, 없느냐 하는 것이 중요합니다.

웃음은 양이 아니라 질이라는 것을 늘 유념하시기 바랍니다.

웃을 때는 계산하지 마라

상쾌한 웃음은 아름답고 좋은 생각을 떠올리면서 웃는 웃음입니다. 추억을 떠올리면서 웃는 사람은 계산을 하지 않고 자신의 이익을 따지지 않습니다. 행복한 웃음의 표본이라 할 수 있지요.

'예전에 이런 일이 있었지. 정말 재미있었는데. 아하하하.'

이런 식이 될 것입니다.

길을 걸으면서 웃는 사람, 혼잡한 지하철 안에서 혼자 웃는 사람, 공원 벤치에 앉아서 하늘을 쳐다보며 웃는 사람……. 그런 사람의 밝은 웃음은 보는 사람까지 행복하게 만들어줍니다.

배를 잡고 크게 웃는 것도 어떤 생각을 떠올릴 때의 웃음입니다. 지금 눈앞에서 벌어지고 있는 일이 아니라 예전에 일어났던 일을 떠올릴 때, 큰 웃음으로 이어지는 것입니다.

좋은 추억을 가지고 있는 사람은 기억을 떠올릴 때마다 자신의 내부에서 웃음이 배어나옵니다. 그러면서 점점 더 증폭되어 온몸에 엔돌핀이 펑펑 번지게 됩니다.

인생 후반기에 추억을 떠올리며 웃을 수 있는 사람은 행복한 삶을 살고 있는 멋진 사람입니다.

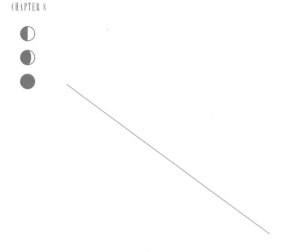

자신감은 갖되
과신은
경계하자

　성공 경험은 그것이 아무리 작더라도 자신감을 갖게 해주고 새로운 도전을 위한 추진력이 됩니다. 그러므로 성공 경험을 착실히 쌓는 것이 매우 중요합니다.

　문제는 과거의 성공 경험이 가끔 냉정한 판단을 방해하기도 한다는 점입니다. 지난번에 이러저러해서 성공했다는 강한 자신감 탓에 다른 문제도 똑같이 대처하면 성공할 것이라고 믿기 쉽다는 것입니다. 지금 상황은 지난번과 전혀 다른데도 과거의 경험에 취해 냉정한 판단을 못하는 것입니다. 이렇게 되면 아무리 노력을 해도 일이 잘 풀리지 않습니다. 자신감이 너무 강한 탓에 실패해도 원인을 못 찾고 제자리를 맴돌게 됩니다. 과거의 성공이 걸림돌이 되는 것이지요.

자신감은 필요하지만 과신은 경계해야 합니다. 나는 자신감이 과신으로 변하는 바람에 실패한 사람들을 많이 보았습니다. 부동산과 IT업계의 버블 붕괴가 대표적입니다. 인생의 전성기를 즐기던 사람들도 과신 때문에 눈 깜짝할 사이에 바닥으로 전락해버립니다.

'정상에서 굴러 넘어진다'라는 말이 있습니다. 크게 성공한 사람이 생각지도 못한 곳에서 실패한다는 뜻입니다. 워낙 높은 곳에서 떨어지니 추락으로 인한 충격도 매우 클 것입니다. 이런 일을 겪지 않으려면 어떻게 해야 좋을까요?

한창 성공가도를 달릴 때 자신을 객관적으로 바라볼 줄 알아야 합니다. 성공을 유지하려면 어떻게 해야 하는지, 무엇을 조심해야 하는지 냉정히 생각해야 합니다.

'자신감은 갖되 과신을 경계하라.'

죽을 때까지 가져가야 할 교훈입니다.

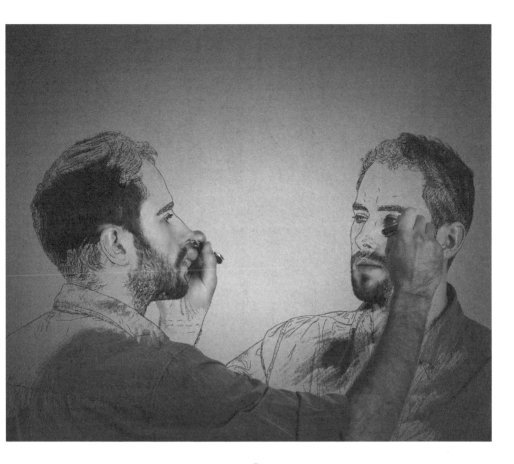

한창 성공가도를 달릴 때 자신을 객관적으로 바라볼 줄 알아야 합니다. 성공을 유지하려면 어떻게 해야 하는지, 무엇을 조심해야 하는지 냉정히 생각해야 합니다.

PART 6

인간관계를

다시

——

생각할 때

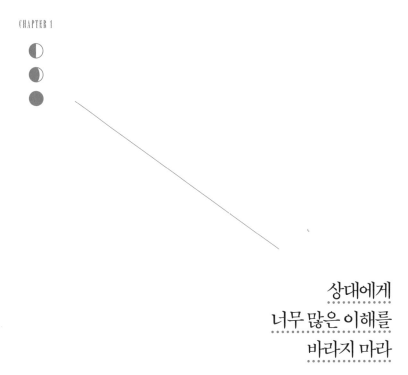

CHAPTER 1

상대에게
너무 많은 이해를
바라지 마라

다른 사람이 자신을 '이해해주지 않는다'며 한탄하거나 분개하는
사람이 있습니다. 어린아이라면 몰라도 세상을 살 만큼 산 어른이 착
각도 이만저만이 아닌 것이지요. 사람은 원래 자신의 일도 잘 모르는
존재입니다. 하물며 다른 사람을 어떻게 완전히 이해하겠습니까?

사람이 더불어 여럿이 함께 살아갈 수 있는 것은 상식이라는 공
통의 잣대를 사용해 세상일을 처리하기 때문입니다. 또 서로 착각
을 하기도 하며 일을 암암리에 허용하기도 합니다. 그렇지 않으면
인간 사회는 성립되지 않습니다.

사람이 얼마나 자신에 대해 모르는지에 대해서 심리학에서 자주 쓰는 '조하리의 창' 이론을 이해하면 알게 될 것입니다. 이 이론에 따르면 사람의 마음은 네 가지 창으로 구분할 수 있습니다.

먼저 제1의 창은 '열린 창'입니다.

활짝 열린 창에는 햇살이 가득 비칩니다. 그러면 방 안의 모습을 잘 볼 수 있습니다. 또 그 방 앞을 지나가는 다른 사람도 방 안을 들여다볼 수 있습니다. 이런 현상, 즉 '자신도 알고, 상대방도 인지할 수 있는 영역'이 제1의 창입니다. 하지만 사람의 마음은 늘 그렇게 열려 있지만은 않습니다.

제2의 창은 '숨겨진 창'입니다.

이 창은 꼭 닫혀 있고 커튼이 드리워져 있습니다. 때문에 자신은 방 안의 모습을 볼 수 있지만 지나가는 다른 사람은 볼 수 없습니다. 즉 '자신은 알고 있지만 상대에게는 숨기고 있는 영역'을 말합니다.

제3의 창은 '보이지 않는 창'입니다.

이 창의 모습은 제1의 밝은 창과 같지만 자신은 맹인과 같은 경우입니다. 즉, 자신은 방 안의 모습을 볼 수 없으나 상대는 볼 수 있는 것입니다. 그러니까 '자신은 알 수 없으나 상대로부터는 관찰되는 영역'을 말합니다.

제4의 창은 '암흑의 창'입니다.

깜깜한 방이므로 자신조차 방 안의 모습이 어떤지 전혀 모릅니다. 물론 상대방도 들여다볼 수 없습니다. 즉, '자신에게도 상대에게도 인지되지 않는 영역'을 말합니다. 사람의 마음을 이해한다는 측면에서 볼 때 이 네 가지 창의 비유는 정확히 들어맞습니다.

　사람은 누구나 이 네 개의 창을 가지고 있습니다. 그런데 서로 이해할 수 있는 영역은 제1의 창뿐이고 나머지 영역은 알 수 없습니다.

　"도무지 저를 이해해주지 않아요"라고 호소하는 사람은 자신만 볼수 있는 '숨겨진 창'을 다른 사람이 들여다봐주기를 바라는 것과 같습니다. 또 이런 사람은 '보이지 않는 창'에 있는 자신을 지적하면 부정하고 화를 냅니다. 마치 생떼를 쓰는 어린아이와 같지요.

　'악의가 없는데 오해를 받는' 경우가 있습니다. 그럴 때는 자신의 마음을 잘 점검해보아야 합니다. 자신은 깨닫지 못하지만 다른 사람이 볼 때는 악의가 있는 것으로 보였는지 모릅니다. 그리고 '아무리 성의를 다해도 전달되지 않을 때'는 화가 납니다. 하지만 그것은 '숨겨진 창'에서 일어난 일이 원인일지도 모릅니다.

　"임상심리학을 공부하니까 다른 사람의 마음을 금방 알 것 아니냐는 말을 많이 들어요. 하지만 일반인들의 예상과 달리 저 역시 다른 사람의 마음을 안다는 건 불가능한 일입니다."

　유명한 심리학자의 말입니다. 이런 사실을 이제라도 알게 되었으니 굳이 다른 사람의 이해를 얻으려 하지 맙시다. 그보다 차라리 '사람의 마음은 알 수 없다'는 사실을 인정하고 상대를 대하는 편이 인간관계를 잘 이끌어갈 수 있습니다. 이것을 인정하면 상대가 이해해주지 않는 것을 불만스럽게 생각하거나 넘겨짚을 염려가 없기 때문입니다. 부부도 원래는 남남이었으므로 처음부터 서로 이해하는 일은 무리입니다.

일과 상관없는
인맥을
만들어라

'지상낙원'이라는 말을 믿고 북한으로 건너갔다가 가난과 억압으로 가득한 현실을 깨닫고 다시 탈출한 한 사람이 최근 "한국에서 할 일이 없어 너무 괴롭습니다. 하지만 그보다 친구를 한 명도 사귈 수 없는 일이 훨씬 더 견딜 수 없는 고통입니다"라고 답답한 심정을 토로했다는 보도를 접한 바 있습니다.

우리보다 훨씬 기구한 운명을 살아온 사람의 말인 만큼 친구의 소중함이 절실히 느껴집니다. 단 한 명이라도 친구가 있는 사람은 그 쓸쓸함을 이해할 수 없을 것입니다.

인생의 후반기를 훨씬 넘긴 사람들은 가끔 아는 사람들과 '노후'에 대해서 이야기를 나누곤 합니다. 그럴 때 자주 하는 말이 "난 고독이 좋아!"입니다. 대체로 현재 친구가 많은 사람들의 말이기 때문에 '과연 그럴까?' 하고 반문하게 됩니다.

위가 튼튼할 때는 위의 고마움을 의식하지 못합니다. 위가 나빠져야 비로소 그 소중함을 깨닫지요. 인간관계도 이와 마찬가지입니다. 한창 바쁘게 일하고 있는 지금은 "고독이 좋아!"라고 말하지만 실제로 퇴직한 후 고독이 찾아오면 그 쓸쓸함에 진절머리를 칠지도 모릅니다.

직장에 다닐 때는 친구며 아는 사람들이 점점 늘어납니다. 일 때문에 만난 사람이라도 친구라고 부를 만큼 서로 친해지기도 합니다. 하지만 일과 상관없는 분야에서도 사람을 사귀어야 한다는 사실을 명심합시다. 그렇지 않으면 퇴직했을 때 썰물 빠져나가듯이 자신의 주위에서 북적대던 사람들이 한 사람도 남지 않게 됩니다.

자신은 친구라고 믿고 있었는데 상대방은 그렇게 생각하지 않는 경우도 허다합니다. 실제로 직장을 그만두는 순간 발길을 끊는 사람도 많습니다. 그제야 '그는 내 친구가 아니었구나' 하고 깨달아도 때는 이미 늦습니다. 그 무렵이면 친구를 새롭게 사귀기도 쉽지 않습니다.

물론 직장에 다닐 때는 할 일이 너무 많아서 다른 직종의 사람들과 교류하는 일이 쉽지 않습니다. 하지만 가능한 한 많은 사람을 만나기 위해 노력해야 합니다. 아무리 짬을 내려 해도 잘 되지 않는 경우에는 일 때문에 관계를 맺은 사람과 진정한 친구 관계를 구축하는 데 늘 마음을 써야 합니다. 그 경우 자칫 자기 멋대로 친구라고 굳게 믿을 수 있는데 이 점을 경계해야 합니다. 믿었던 사람이 실제로는 친구가 아니었을 때 "배신당했어"라고 말하며 흥분하는 사람이 많은데 그것은 자기 혼자 착각에 빠져 있었을 뿐이었던 것입니다.

인간관계의 다섯 가지 종류

한 심리학자에 따르면, 모든 인간관계는 다섯 종류로 나눌 수 있다고 합니다.

친밀도가 낮은 순서부터 말하면 먼저 '기타'가 있습니다. 만난 적도 없고, 이름도 모르는 사람들이 여기에 해당합니다. 하지만 같은 사회를 살아가는 사람으로서 어떤 인연이 닿아 만날 수도 있으므로 완전히 무시할 수는 없는 존재입니다.

두 번째로는 '팬'이 있습니다. 자신은 상대방을 모르는데 상대방은 자신에 대해 호감을 갖고 있거나 매우 동경하는 경우입니다. 실력자나 매력 있는 사람의 주변에는 이런 사람이 많습니다.

세 번째는 '아는 사람'입니다. 서로 이름과 얼굴은 물론 사적인 일도 어느 정도 알고 있습니다.

네 번째로는 '친구'입니다. 친구와 아는 사람은 그 경계가 모호한데, '전화로 무리한 부탁을 할 수 있는 사람'을 친구라고 할 수 있습니다.

마지막으로 다섯 번째는 '믿는 사람'입니다. 이 말에 조금 어폐가 있을지도 모르지만 매우 가까운 사람이라는 뜻입니다. 부모, 배우자, 자녀, 마음의 친구 등이 여기에 해당합니다.

그렇다면 이 다섯 부류 중 어디까지를 자기 인맥의 범주에 넣을 수 있을까요? 아마도 믿는 사람과 친구가 그 한도일 것입니다. 다시 말해, '전화로 무리한 부탁을 할 수 있는 사람이 얼마나 있는가?'로 그 사람의 인간관계를 판단할 수 있을 것입니다.

흥미롭게도 이 심리학자는 이 다섯 가지 인간관계의 중요도를 돈으로 환산해 나타내고 있습니다. 즉, '기타'는 0원, '팬'은 100원, '아는 사람'은 100만 원, '친구'는 1,000만 원, '믿는 사람'은 1억 원의 가치가 있다고 합니다. 격차가 매우 심하지만 곰곰이 생각해보면 이해할 수 있는 수치입니다.

가끔 자신의 발이 넓은 것을 자랑스럽게 말하는 사람이 있습니다. 하지만 그런 사람은 대체로 '아는 사람'이 많을 뿐입니다.

일 관계로 알게 된 사람은 친구와 아는 사람 가운데 어디에 넣어야 할까요? 일반적으로 그들은 그냥 아는 사람에 머뭅니다. 그러므로 퇴직하자마자 교류가 끊기는 것이 어쩌면 당연합니다. 그런데 그런 사람들을 친구나 믿는 사람으로 생각하기 때문에 나중에 배신감을 느끼는 것입니다.

한창 일을 할 나이에 마음의 친구 몇 명과 보통 친구라 부를 수 있는 사람을 한 자릿수라도 좋으니 만들어둡시다.

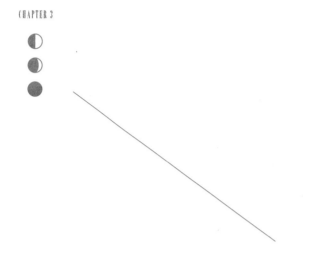

남을
도와주어라

성경에 '주는 자가 복되다'라고 했습니다. 성경 말씀이 아니더라도 남을 도와주는 일은 참으로 기분 좋은 일입니다. 그런데 막상 자신에게 문제가 생겨서 남에게 도움을 청할 때처럼 괴로운 일은 없습니다. 게다가 인생의 절반이 지난 시기에는 더욱더. 그러나 자신에게 닥친 문제를 해결하기 위해서는 지혜가 필요합니다.

사실 어려운 처지에 있음을 말하고 남에게 도움을 구하는 것은 어느 세대나, 또 누구에게나 힘든 일입니다.

타의에 의해서든 자의에 의해서든 다니던 직장을 그만두고 새로운 일자리를 찾을 때, 그것도 절반을 넘긴 나이라면 참으로 곤혹

스러운 일입니다. 이때 자신의 선택이 옳은 것인지, 앞으로의 일이 잘 될 것인지, 그 어떤 것도 확신이 없습니다.

자신의 일을 친구에게 이야기를 해도 뾰족한 수가 없어 보입니다. 잘 모르는 사람에게 말하는 것이 차라리 마음 편한 것 같지만 정작 말을 하면 '흠, 그래요?' 하고 더 이상 듣고 싶어 하지 않을 것입니다.

막상 떠오르는 사람도 없고, 또 있다고 해도 도움을 청하기는 너무 어렵다면, 이럴 때 어떻게 해야 할까요?

그 방법으로 미국의 저명한 성공학자 낸스 길마틴은 여섯 가지 법칙을 제시했습니다. 그 법칙이란 여섯 사람에게 도움을 청하는 것입니다.

첫 번째 사람은 바쁜 사람이라 당신이 도움을 청할 때 바쁘다는 핑계로 도와주지 않을 것입니다.

두 번째 사람은 남의 일에 전혀 관심이 없는 사람이라 당신의 일에 끼어들지 않을 것입니다.

세 번째 사람은 당신의 일에 관심을 보이지만 무엇을 해야 할지 모를 것입니다.

네 번째 사람은 자신은 피하고 다른 사람을 소개해줄지 모릅니다.

다섯 번째 사람은 뭔가 엉뚱한 방향으로 도움을 줄 수 있을 것입니다.

마지막으로 당신이 지쳐서 포기하려는 순간에 여섯 번째 사람은 "물론이죠. 걱정말아요. 도와드릴게요" 하고 말할 것입니다.

다른 사람에게 도움을 청하는 일이 인생의 절반을 넘긴 나이에는 매우 힘들 것입니다. 거절당하거나 엉뚱한 도움을 받는 것보다 차라리 아무 말도 하지 않는 것이 더 좋을지도 모릅니다.

도움을 청한다는 것은 당신이 그저 약한 인간이라는 사실을 나타내는 표현입니다. 그런데 당신이 괴로운 시간을 보내고 있다는 것을 알게 될 때 당신의 친구는 오히려 더 가깝게 느낄 수도 있습니다. 당신도 자신처럼 똑같이 어려움에 처해 고통을 겪고 있다는 것을 알게 되기 때문입니다.

대부분의 사람들은 자신의 문제를 혼자 해결하는 것이 다른 사람의 수고를 덜어준다고 생각할 것입니다. 그러나 누군가에게 도움을 주는 사람은 남을 위해 무언가 해주었다는 즐거움을 누릴 수 있습니다.

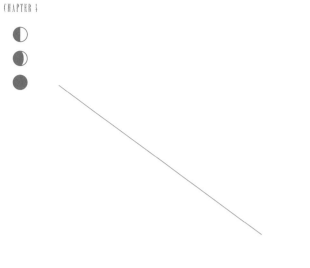

즐거운
화제부터
만들어라

'고독'이라는 문제에 어떻게 대처하겠습니까?

한 가지 대책은 친구를 만드는 것입니다. 여기에서는 친구 만드는 것을 주제로 생각해보고자 합니다.

좋은 친구가 있으면 여러 가지 정보도 얻을 수 있고, 서로 격려하고 도움을 줄 수도 있습니다. 하지만 중요한 점은 다른 사람에게 의지하지 말아야 한다는 것입니다. 바꾸어 말하면 정신적으로 자립해야 한다는 말입니다.

인생 후반대의 업무상 교제는, '업무상 만나는 사람', '일을 떠나서도 친숙하게 지낼 수 있는 사람', '평생 친구로 지낼 수 있는 사람' 이런 식으로 선별적으로 교제를 합니다. 너무 극단적으로 이렇게 선을 긋고 사람을 상대하는 것은 바람직하지 못한 태도일 수도 있지만 인생 후반기에 접어들게 되면 그런 눈으로 사람을 평가하게 됩니다.

그리고 '마음을 허락할 수 있는 친구'는 뜻밖에도 매우 적다는 사실을 알 수 있게 될 것입니다. 만약 그것을 모르는 채 정년을 맞이하게 되면 마치 사람이 변한 듯 전혀 다른 태도를 보이는 상대방에게 놀라지 않을 수 없게 됩니다. 지위가 높았던 사람일수록 그런 느낌을 더욱 강하게 받을 것입니다. 지위, 직함의 위력은 그 정도로 큰 것입니다. 지금 현직에 앉아 있는 당신에게 호의적으로 경의를 표하는 사람들은 대부분 당신의 '지위나 직함'에 대해 그런 태도를 보인다는 사실을 깨달아야 합니다.

제2의 인생 전환기를 맞이한 사람은 이 단계에서 심하게 추락하는 느낌을 받게 됩니다. 제1의 인생에서 상당한 지명도가 있는 상장기업의 요직에 있던 사람이 제2의 인생에서는 지명도가 낮은 중소기업 사원으로서 재출발을 하는 경우가 있습니다. 이때 상대방의 태도가 상당히 달라졌다는 사실을 뼈저리게 느끼게 됩니다. 그러니 이런 상황에 대해서 마음의 준비를 갖춘 다음에 업무를 떠나서 '친구 만들기'를 해야 합니다.

먼저 타업종 교류 모임에 참석하는 방법이 있습니다. 이런 모임은 원칙적으로 '직함을 내세우지 않는 만남'이지만 아무래도 △△

회사 ××부장이라는 명함이 오가게 됩니다. 그러나 가능하면 직함을 소개하지 않은 상태에서 자신이 어느 정도나 통할 수 있는지 시험해보기를 권합니다. 그러면 뜻밖에 자신이 직함에 상당히 의지하고 있었다는 것과 주위 사람들도 직함 때문에 당신에게 호감을 보였다는 사실을 깨닫게 될 것입니다.

만약 그렇다면 현 상태가 언제까지나 이어지지 않을 것이라는 점을 인식하고, 가능하면 직함을 떠나 자기 자신의 가치를 높일 수 있도록 노력해야 합니다. 새삼 깨닫게 되는 것은 사회적인 지위가 있다고 해도 이런 모임에 나가면 화제가 빈곤해서 어쩔 수 없이 업무와 관련된 이야기를 하게 된다는 것입니다. 그러니 '업무 이외의 화제나 정보를 어느 정도나 제공할 수 있는가, 재미있거나 즐거운 화제, 그리고 다른 사람에게 도움이 될 만한 정보를 얼마나 제공할 수 있는가?' 하는 것이 매우 중요합니다. 따라서 집과 회사만 오가는 생활에서 벗어나 여러 종류의 인물들과 교제를 해야 합니다.

인생 후반기에 접어들었으면 즐겁고 도움이 되는 화제를 제공할 수 있는 사람이 되어야 합니다. 그것도 단순히 책이나 신문에서 얻은 정보가 아니라 가능하면 살아 있는 생생한 정보가 좋습니다. 그런 사람이 되려면 행동이나 발상의 변화와 개혁이 필요할 것입니다.

취미와 실익을
겸할 수 있는
일을 하라

취미활동에 열심인 사람들은 '취미가 밥 먹여 주냐?'는 핀잔을 곧잘 듣곤 했을 것입니다. 그러나 예전에 비해 요즘에는 취미가 정말 밥을 먹여 주는, 돈이 되는 시대가 되었습니다. 취미로 빵을 만들었는데 주변에서 맛있다는 이야기를 많이 들어 파이가게를 연 사람도 있고, 취미 삼아 가죽으로 열쇠고리를 만들었는데 손재주가 좋다는 주변의 말에 가죽공예 공방을 열기도 합니다. 예전에는 그냥 집안일, 살림살이로 취급받던 일들이 고스란히 돈을 벌어다 주는 일이 되었습니다. 살림하며 만든 요리를 하나씩 블로그에 올린 것이 책으로 나와 인기를 얻는 경우도 있고, 자신의 아이를 키우면서 육아에 대한 노하우를 공유하는 사람도 책을 내고 강연을 하며 유명세를 탑니다. 자신만의 노하우로 정리정돈을 해온 기록을 블로그에 올려 '정리컨설턴트'라는 새로운 직업을 만들기도 합니다. 그야말로 취미가 커다란 이익으로 변하는 것입니다.

사람을 만나고 모으는 것도 돈이 됩니다. 지역 카페, 특정 경험을 가진 사람들의 커뮤니티, 같은 상황을 겪는 사람들의 모임을 만들어 실제 이익을 만들어내는 사람들도 많습니다. 물론 사람이 모이다 보면 자신의 비즈니스나 개인적인 입장에 이용하려는 사람들도 있을 수 있는데, 이쪽의 지위가 높은 경우에는 그런 점에 특히 신경을 써야 합니다.

인생의 절반쯤에서 '나는 어떤 취미를 가지고 있는가, 그리고 그 취미가 실제 나에게 어떠한 도움을 주는가?'를 생각해보는 시간을 가져야겠습니다. 적절한 취미는 마음의 안정을 가져다주고 일에서 받는 스트레스를 정화해줍니다. 더 나아가서는 자신이 좋아하는 취미 활동으로 돈을 벌 수도 있습니다.

'취미와 실익을 겸한다'는 말이 있듯이 담담히 일을 즐기면서 심리적 교류도 형성할 수 있다면 굳이 어떤 것이 일이고, 어떤 것은 유흥이라는 식으로 구분하는 것은 별 의미가 없을지 모릅니다. 무엇이 일이고 무엇이 유흥거리인지를 구분하기보다는 즐거운 마음으로 재미있게 할 수 있는 일이 성공할 확률도 높고, 더 오래 지속할 수 있는 일임을 깨닫는 것이 중요합니다.

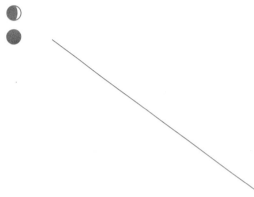

사람을
간파하는
안목을 키워라

당신이 마음을 열면 상대도 마음을 엽니다.

앞에서 설명했듯이 친구를 만들려면 특별히 친구를 만들기 위해 노력하는 것보다는 단 한 가지라도 진정한 지식, 진정한 기능을 갖추고 그것을 연마하는 방법이 더 효과적입니다. 그렇게 하면 이쪽에서 적극적으로 행동하지 않더라도 자연스럽게 많은 사람들이 모여들게 됩니다.

문제는 그렇게 모여드는 사람들 중에는 여러 종류가 있기 마련이어서 자기중심적인 사람이나 이쪽을 이용하려 드는 사람도 포함되어 있다는 것입니다. 따라서 믿을 수 있는 사람인지, 마음을 열고 교제할 수 있는 사람인지 간파하는 안목을 갖추어야 합니다.

사람을 간파한다는 것은 매우 어려운 일이기 때문에 예부터 여러 가지 비결이 전해지고 있지만 꼭 이렇다고 한정지을 정답은 없습니다. 그러나 다음과 같은 방법은 효과가 있을 것입니다.

먼저 마음을 열고 무엇인가를 제공해본다

여기에서는 진정한 능력을 갖춘 것을 전제로 이야기하고 있으므로 상대가 어떤 사람인지 파악하여 마음을 열 만한 사람에게만 정보를 제공하는 방법도 있지만 나는 오히려 이 점에 대해서는 반대의 행동을 권하고 싶습니다. 즉, 사람들과의 교제에서는 원칙적으로 먼저 마음을 여는 태도를 갖추라고 말입니다.

다가오는 사람은 거부하지 않는다

물론 인생관에서 분명한 차이가 있거나 호감을 느낄 수 없는 사람은 처음부터 거부하는 것이 좋을 수도 있지만, 상대가 어떤 사람인지 확실하게 구분하기 어려운 경우에는 상대가 원하는 것을 제공하는 것도 좋은 방법입니다.

당신이 마음을 열면 상대도 마음을 열게 됩니다. 그것이 바로 정입니다. 그렇게 하면 바람직하지 못한 생각을 가지고 있던 사람도 진심을 드러내게 됩니다. 즉, '호의'는 일종의 '테스트'인 것입니다.

처음부터 호의적인 기분으로 마음을 열지 않으면 상대도 마음을 열지 않기 때문에 상대의 진심을 간파할 수 없습니다. 그래서는 시간 낭비일 뿐입니다.

마음이 통하는 사람은 뜻밖으로 매우 적다

물론 사람들을 사귀는 방법으로는 조금씩 신뢰도를 심화해가는 것이 일반적이지만 당신이 먼저 마음을 열고 대하면 비교적 빠른 시간에 상대의 본성을 간파할 수 있습니다. 그리고 정말 신뢰할 수 있는 친구는 생각보다 적다는 사실을 깨닫게 될 것입니다. 이것은 사람에 따라, 상황에 따라 달라질 수도 있지만 일반적으로는 그렇다는 이야기입니다.

"천성적으로 악한 사람은 없다."

"모든 사람을 도둑으로 생각하라."

당신은 이 두 가지 말 중 어느 것을 믿습니까? 후자를 믿는다면 친구를 만들고자 하는 생각은 포기해야 합니다. 때문에 전자의 말을 따라야 하지만 유감스럽게도 정말로 믿을 수 있는 사람은 매우 적다는 사실을 인정하지 않으면 안 됩니다. 이것도 사람을 상대하는 방식에 유의하면 그 범위는 더 넓어집니다.

알아야 할 것은 단순히 명함을 교환한다고 해서 '인맥'이 형성되는 것은 아니라는 점입니다. 그러므로 타업종 교류 모임이나 그밖의 여러 가지 동호회, 파티 등에서 함부로 명함을 나누어주거나 연하장을 남발하는 것으로 친구를 늘릴 수 있다고 생각하는 발상은 버려야 합니다. 특히 젊은 시절이라면 몰라도 인생의 후반기가 되면 교제 범위를 무한정 넓히려는 생각은 바람직하지 못합니다. 그보다는 지금까지의 교제를 되돌아보고 관계를 유지하면서 새로운 사람과의 만남은 앞에서 말한 대로 행하면 될 것입니다. 이때 상대의 반응을 살펴보려면 이렇게 질문을 던져보는 것도 좋습니다.

"당신이라면 어떻게 하겠습니까?"

이것은 내가 사람을 간파할 때 활용하는 키워드 중 하나인데, 이런 질문을 던지면 상대는 자신의 입장에서 해답을 던지게 되고, 그때 그 사람의 기본적인 자세를 파악할 수 있습니다.

PART 7

인간

관계에서

—

치이고

지칠 때

겸허한
사람에게
끌린다

　지위가 높은 사람이 잘난 척하며 자기 얘기만 늘어놓을 때 듣는 사람은 정말 따분합니다. 언젠가 강연을 들으러 갔는데 강사가 자신의 성공 스토리를 구구절절 늘어놓고 있었습니다. 어찌나 지루한지 졸음이 몰려올 정도였습니다. 강사는 강연 도중에 그동안 돈을 많이 벌어서 지금은 다 쓰기도 벅차다는 얘기까지 했습니다. 이 대목에서는 실소를 금할 수가 없었습니다.

　모두가 인정하는 성공한 사람이라도 거만한 말투로 자기 자랑을 해대면 듣는 사람으로서는 거부감이 들 수밖에 없습니다. 자신의 성공 체험을 이야기할 때는 더욱 겸손한 모습을 보여야 합니다. 나를 자랑할 것이 아니라 내 경험이 조금이라도 도움이 되기를 바란다는 자세를 가져야 하는 것입니다. 사람들은 자신감 넘치는 사람보다 겸허한 사람에게 더 호감을 갖습니다.

노자는 사람들에게 자기 스스로를 크게 내세워서는 안 된다고 했습니다. 사람이 자신의 재주를 믿고 다른 사람에게 거들먹거리거나 교만하면 화를 부르고, 겸손한 자세로 자신을 낮추면 복을 부른다고 했습니다. 물론, 명예욕을 가진 사람들은 자신을 내세우고 싶어 하고 유명해지기를 바라는 마음을 가지고 있습니다. 그러나 자신을 너무 추켜세우면 주위에 사람들이 남지 않으며 예기치 못한 일을 겪게 될 수도 있습니다.

특히 여러 사람 앞에서 자신의 이야기를 할 때는 잘난 척하거나 무뚝뚝한 표정으로 거만한 인상을 풍길 필요가 없습니다. 더군다나 사회적으로 알려지거나 지위가 높다고 해서 다른 사람에게 무례하게 대하거나 업신여기는 일은 없도록 해야 합니다. 사람은 누구나 자신을 낮출 줄 알고 다른 사람에게 도움이 되고자 노력하는 사람에게 본능적으로 끌리게 되어 있습니다.

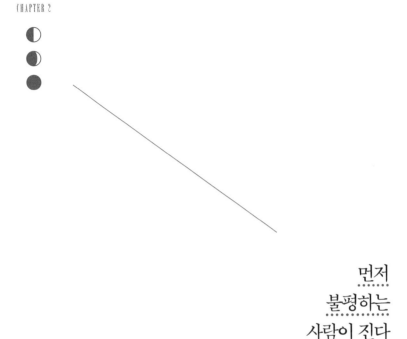

먼저
불평하는
사람이 진다

    학창시절, 친구들과 자주 등산을 다니면서 한 가지 크게 깨달은 게 있습니다. 먼저 불평하면 진다는 사실입니다.

    등산을 할 때 무거운 짐을 짊어지고 높은 산에 오르니 힘이 드는 것은 당연지사입니다. 가파른 오르막길을 오르다 보면 '이제 도저히 못 하겠다, 내 한계다, 쉬고 싶다!'라는 비명을 지르고 싶은 순간이 한두 번이 아니지요. 그때 일행 중 하나가 내 마음을 대신하기라도 하듯 "이제 지쳤어, 더는 못 가. 좀 쉬자!"라고 말하면 그 말을 듣는 순간 신기하게도 언제 그랬냐는 듯이 힘이 불끈 솟아납니다. 그래서 조금 전까지 죽을 만큼 힘이 들었는데도 어느새 다 잊고 친구를 격려하게 됩니다.

"이제 다 왔어. 조금만 더 힘내!"

의지가 약한 사람은 "그래, 좀 쉬었다 가자!" 하고 바로 동조해 버리기도 하지만.

이렇게 한순간에 기분이 바뀌는 데는 여러 가지 심리가 작용하기 때문입니다. '이 친구는 불평을 했지만 나는 안 했다'라는 우월감과 자부심, 또 힘들어하는 친구를 도와야겠다는 마음이 동시에 작용하는 것입니다. 아무튼 그 자리에 열 명이 있었다면 불평한 당사자를 뺀 나머지 아홉 명은 분명 새롭게 힘을 낼 것입니다. 반대로 불평을 한 당사자는 졌다는 생각에 사로잡혀 점점 더 무기력해집니다. 말 한마디로 인해 똑같은 상황에서 더 강해지는 사람이 생기고 더 힘이 빠지는 사람이 생기는 것입니다.

옛 고전에 이런 이야기도 있습니다.

남조 양나라에 어홍이라는 사람이 있었습니다. 그는 소연의 정벌을 여러 차례 수행하여 그 공적이 적지 않았습니다. 훗날 소연은 양 무제로 즉위하여 어홍에게 땅과 산을 내리고 팔만 그루의 나무도 상으로 주었습니다. 하지만 어홍은 몹시 실망하여 하루 종일 웃는 표정 한 번을 짓지 않았지요. 이 모습에 불안해진 부인이 어홍에게 물었습니다.

"서방님, 혹시 폐하께서 하사하신 상이 적어 기쁘지 않으신 겝니까?

어홍이 한참을 망설이더니 말했습니다.

"군주라면 논공은 공평하고 징벌은 타당해야 함이 당연한 이치라오. 군주를 따라 전장을 돌며 생사를 넘나들었는데 녹봉이 고작이 정도로 그쳐서는 안 되지요."

그러자 부인이 말했습니다.

"저도 서방님의 공로가 적지 않음을 압니다. 그렇지만 부와 관직을 탐하는 관리가 되고자 해서는 아니 됩니다. 그것은 사람의 도리가 아니지요!"

하지만 아내가 아무리 도를 논한 들, 어홍의 귀에는 소귀에 경 읽기일 뿐이었습니다.

어홍은 군수직을 맡고서도 여전히 자신의 직위가 낮고 재산이 부족하다며 늘 불평불만을 늘어놓으면서 양 무제의 위세를 등에 업고 공공연하게 재물을 긁어모았습니다. 또한 부끄러운 줄을 모르고 이런 말까지 퍼뜨렸습니다.

"내가 군수를 맡아 네 가지가 없어졌다. 물속에 고기가 없어지고 산중에 노루가 자취를 감추었으며 밭에는 곡식이 다하고 마을에 사람들이 줄었다. 세상살이라는 것이 즐겁고 유쾌해야 하는 것인데, 나는 군수가 되어도 즐겁지가 않으니 언제쯤 낙이 올 것인가?"

그는 아랫사람을 시켜 백성들을 협박하고 재물을 갈취했으며 산에서 귀한 나무를 베어오고 고급 화강석을 날라 오도록 시켜 풍수 좋은 땅에 호화로운 관청을 지었습니다. 자신이 타는 마차와 말을 휘황찬란한 비단과 보석으로 장식하고 주색에 빠져 첩을 백여

명이나 두는 등 사치스럽고 방탕한 생활을 즐겼습니다. 그리고 결국은 이처럼 난잡한 생활과 과도한 욕심 때문에 몇 년이 지나지 않아 일찍 생을 마감하고 말았습니다.

매사 불평불만으로 한탄스러운 인생을 살든, 다소 불만족스러운 부분이 있지만 그것 또한 좋은 것이라고 가볍게 여기며 살든 인생은 누구나 한 번뿐입니다. 불평할 거리에 집중하면 그만큼 삶이 불행해집니다.

일을 할 때도 마찬가지입니다. 일이 많으면 모두들 힘들고 지치기 마련입니다. 그때 불평을 하면 다른 사람들은 힘을 얻지만 정작 자신에게는 아무런 도움이 안 되는 것이니 절대 먼저 불평하지 마십시오. 그 순간 당신은 패배자가 됩니다.

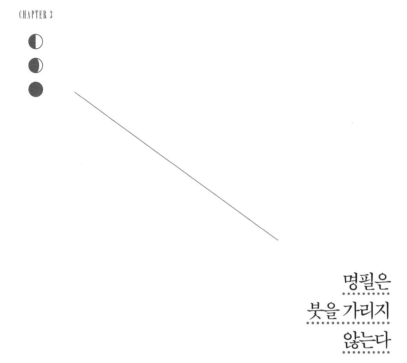

명필은
붓을 가리지
않는다

문제를 대하는 자세를 봤을 때 크게 두 부류가 있습니다. '내 탓'
이라는 관점에서 문제를 바라보는 사람이 있고, '남의 탓'으로 돌
리는 사람이 있는 것입니다.

'내 탓'이라고 여기는 사람은 본인의 책임을 정확히 헤아려 잘못
을 인정하고, 개선 방안을 찾습니다. 그렇게 문제를 하나씩 해결해
갈수록 나날이 그만큼씩 발전합니다.

반면에 '남의 탓'으로 책임을 전가하는 사람은 어떻게든 핑곗거
리와 변명거리를 찾습니다. 영업 실적이 좋지 않은 이유도 '불황이

니까', '우리 제품이 나빠서'라며 시절과 회사의 탓으로 돌려버립니다. 그러니 발전이 있을 리 없습니다.

설령 시절이 좋지 않고 제품에 문제가 있다 하더라도 자신이 제대로 하지 못한 일은 없는지 먼저 살피는 가운데 발전이 있는 것입니다.

아데코 사원연수 때 존슨앤존슨 사장은 이렇게 말했습니다.

"저 사람 탓이라며 엄지와 검지로 상대를 손가락질하면 나머지 세 손가락은 자신을 가리킨다."

그렇습니다. 다른 사람을 비판할 때는 동시에 자기 자신도 비판해야 마땅합니다. 하지만 많은 사람들은 '남의 탓'을 하면서 자신을 가리키고 있는 세 손가락은 보지 못합니다. 자신의 책임을 자각하지 못하기에 늘 불평불만을 늘어놓는 것입니다.

남의 탓을 하면 내가 편해질 것 같지만 사실은 그렇지 않습니다. 오히려 스스로 자괴감에 빠진 나머지 삶의 의욕을 상실하고 인생을 불행하게 만드는 지름길이 됩니다.

'내 탓'을 하는 사람은 자신을 가리키는 세 손가락을 인식하고 있습니다. 그래서 '조금만 더 열심히 했더라면 이런 일은 없었을텐데. 그때 배려가 부족했어. 좀 더 깊이 생각했어야 했어'라며 반성합니다. 그 결과 다시는 같은 잘못을 되풀이하지 않으려고 노력합니다. 이런 자세로 몇 년을 살면 자신도 모르는 사이에 엄청나게 발전할 것입니다.

'명필은 붓을 가리지 않는다'고 합니다. 진정한 명필이라면 정말

형편없는 붓을 들고도 불평하지 않으며, 설령 결과가 좋지 않더라도 붓을 탓하기 전에 자신을 먼저 돌아봅니다. 그리고 '이런 붓으로도 글씨를 잘 쓸 수 있어야 하건만 아직도 수행이 부족하다'며 자신을 더욱 채찍질할 것입니다.

다른 사람을 탓하기 전에 반드시 자신의 책임을 먼저 돌아봐야 합니다. 자신을 돌아보는 일은 하나도 어려울 게 없습니다. 다른 사람에게 비난을 받으면 반발심이 생기지만 스스로 반성하면 기분 상할 일도 없고 인격도 그만큼 깊어집니다.

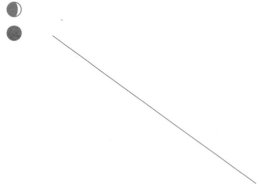

남을
배려하는 사람이
아름답다

    사회생활을 하면서 타인을 배려할 줄 모르는 사람은 존경받을
수 없습니다.

    얼마 전 한 공장을 견학하던 중 안내하는 직원이 문을 열고 한참
을 기다려주었는데도 뒤늦게 도착한 사람이 고맙다는 인사 한 마
디 없이 안으로 들어가는 것을 보았습니다. 그 모습을 보니 만원
엘리베이터 안에서 있었던 일이 떠올랐습니다.

    엘리베이터가 꼭대기 층에 도착하자 모든 사람이 내렸습니다.
그때 한 여성이 열림 버튼을 누르고 있다가 마지막에 내렸습니다.

그 여성은 엘리베이터에서 내려서도 다른 사람들이 엘리베이터를 타는 동안 문이 닫히지 않도록 문 밖에서 계속 열림 버튼을 누르고 있었습니다. 그런데도 모두들 모른 척했습니다.

나는 그 여성의 배려심이 존경스러웠습니다. 아울러 아무도 감사하는 마음을 표현하지 않는 데 대하여 화가 났습니다. 고맙다는 말 한 마디 하는 게 그렇게 어려운 일일까요?

전철에서도 그렇습니다. 젊은 남자가 노약자석을 차지하고는 백발의 노인이 다가와도 그대로 앉아 있습니다. 바로 앞에 노인이 서 있는데 왜 자리를 양보하고 싶은 마음이 들지 않는지 궁금합니다.

사람이라면 주변 사람을 배려하는 마음을 늘 갖고 있어야 합니다. 특히 리더가 되어 부하를 거느리게 되면 더더욱 그렇습니다. 덕망은 리더에게 빠뜨릴 수 없는 조건입니다.

내가 아는 사람 중에 '타고난 영업사원'이라는 말을 듣는 사람이 있습니다. 그는 동료나 부하, 가족, 심지어 우연히 만나는 사람을 대할 때도 고객을 대하는 마음으로 정중하게 대합니다. 후에 비록 작지만 자기 회사를 설립했을 때도 그런 태도는 여전했습니다. 그가 크게 성공했다는 이야기는 그야말로 사족이 될 것입니다.

일할 때 태도와 평소 태도가 전혀 다른 사람이 있는데, 그런 사람의 본성은 언젠가 들통나기 마련입니다.

항상 바른 태도를 갖도록 노력해야 합니다. 또, 자신의 태도에 대해 언제든 스스로 책임을 져야 업무적으로나 인격적으로 완성된 결과를 얻을 수 있습니다.

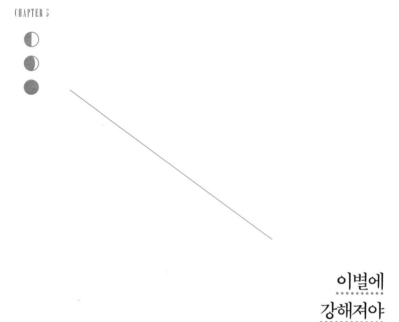

CHAPTER 5

이별에
강해져야
한다

이별은 슬프고 괴로운 일입니다. 하지만 회자정리(會者定離)라는 말 그대로 만나면 반드시 헤어지는 것이 우리네 인생입니다. 중·장년이 되면 이별할 일이 점점 많아집니다. 그런데 이별은 마음에 큰 충격을 주기 때문에 잘 대처하지 못하면 정신적으로 장애가 될 수 있습니다. 그러므로 인생의 절반을 보낸 시기부터는 '이별'에 강해져야 합니다.

그러면 어떻게 해야 할까요? 해답은 '기분 좋게 헤어지라'입니다. 기분 좋게 헤어지면 그 이별은 좋은 기억으로 남고, 좋은 기억은 '좋은 추억'이 되어 마음을 살지게 해줍니다.

사랑하는 사람과의 이별을 떠올리면 쉽게 이해할 수 있을 것입니다. 서로 열렬히 사랑하면서도 잘 이루어지지 않았을 때 기분 좋게 헤어지면 달콤했던 기억으로 오랫동안 인생을 아름답게 채색해 줍니다. 그러나 서로에게 상처를 주면서 헤어지면 불쾌한 기억으로 남을 뿐만 아니라 그 후의 인생에도 어두운 그림자를 드리우게 됩니다.

찰스 디킨스의 소설 《위대한 유산》에는 웨딩드레스를 절대 벗으려 하지 않는 부자 할머니가 나옵니다. 그녀는 결혼식 날 남자에게 버림받고 그 충격에서 벗어나지 못한 채 불행한 삶을 보냅니다. 결혼식에 나타나지 않은 남자는 둘째 치고 평생 웨딩드레스와 이별할 줄 모르는 그녀가 우리를 안타깝게 합니다.

인생에서 이별은 좋든 싫든 찾아옵니다. 그렇다면 헤어지고 싶지 않아도 어쩔 수 없을 때는 마음을 크게 먹고 깨끗이 헤어져야 하지 않을까요? 인연의 끈을 놓지 않기 위해 몸부림쳐봤자 서로에게 상처만 남을 뿐입니다.

삶의 절반에 도달하면 사람뿐만 아니라 지금까지 너무나도 당연히 가지고 있던 것들까지 하나둘씩 사라져갑니다. 작은 예로 남자는 머리카락이 빠지고, 여자는 피부에 탄력이 없어집니다. 나이를 먹어간다는 것은 한편으로는 뭔가를 조금씩 잃어가는 것을 의미합니다.

하지만 이런 일에 너무 미련을 두지 않는 것이 좋습니다. 이를 의식할수록 스트레스를 받아 더 빨리 노화되기 때문입니다.

자기암시 심리학의 창시자인 에밀 쿠에는 이렇게 말합니다.

"사람의 마음을 완전히 충족시켜주는 생각은 무엇이든 진실이 되고, 나아가 행동으로 표현되는 경향이 있다. 만약 환자에게 병세가 호전되고 있다고 믿게 할 수만 있다면 그 병을 치료할 수 있다. 또 도둑에게 자신은 더 이상 도둑질하지 않을 것이라고 믿게 할 수만 있다면 그는 도둑질을 그만둘 것이다."

사람은 여러 가지를 생각할 수 있습니다. 그런데 그런 생각들은 연이어 일어나지 한꺼번에 떠오르지는 않습니다. 한 번에 두 가지 일을 동시에 생각할 수 없기 때문입니다. 젊음에 미련을 두는 일은 '이미 늙었구나!' 하는 생각을 인정하는 것과 같습니다. 그러면 노화는 더욱 빨리 진행됩니다.

사람과의 이별이든 물건의 상실이든 산뜻하게 받아들이는 자세는 스스로에게 좋은 자기암시를 줍니다. 그래서 자신이 바라는 멋진 인생을 맞이할 수 있습니다.

인생의 절반이 지나는데도 이별과 상실에 대한 준비가 제대로되어 있지 않으면 그때마다 허둥대느라 제대로 살아나가기가 힘들어집니다. 반대로 바람직하게 이겨내면 한층 더 성숙해질 것입니다. 그런 점에서 이별이나 상실은 인생 연습의 영양소가 될 수도 있습니다.

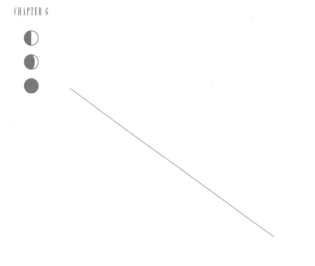

노후대책을
세운다

인생의 절반을 보낸 지금 생각해야 할 것 중 하나가 '노후의 삶'입니다. 이제 노후는 멀리 있지 않고 바로 가까이 있기 때문입니다.

노후의 3대 고난은 가난, 질병, 고독입니다.

이 중에 두 번째 고난인 '질병'은 개인적인 요소도 있기 때문에 어떻게 해야 바람직하다고 한마디로 해답을 내릴 수는 없습니다. 굳이 제시한다면 적절한 식사, 운동, 휴식이 필수일 것입니다. 특히 정신적인 고민은 성인병의 원인이 되므로 항상 마음을 평온하게 유지해야 합니다. 그러나 그런 점은 누구나 알고 있는 상식이기 때문에 대책이라고 말하기는 어렵습니다.

인간은 무엇인가 일을 만들어 하기 때문에 고민이나 문제가 발생하는 것이며, 아무런 문제가 없다면 오히려 인생의 종말이 다가왔다고 말할 수도 있을 것입니다.

그러면 당신은 '동료가 없는 노후'를 생각해본 적 있습니까?

제2의 인생이 행복하려면 마음의 건강이 빼놓을 수 없는 조건이며, 그것이 '삶의 보람'이 됩니다. 건강 문제에서 유전이나 에이즈 같은 감염증을 제외하고 마음의 건강을 확보할 수 있다면 육체적 건강은 유지할 수 있을 것입니다.

세 번째 고난인 '고독'은 대다수의 사람들에게 가장 큰 문제가 됩니다.

"내게는 가족도 있고 회사에는 동료가 있다. 그리고 친구도 많기 때문에 고독은 문제가 되지 않는다."

이렇게 말할 수 있는 사람은 행복한 사람입니다.

문제는 '만약 일을 그만두면 어떻게 될까?' 하는 것입니다. 60세의 정년 또는 그 이상의 나이까지 일을 하다가 막상 그만두게 되면 가족이라고 해도 자녀들은 이미 성인이 되어 있을 것이므로 대부분 부부 두 사람만 남게 됩니다. 어쩌면 자기 혼자만 남게 될 수도 있습니다. 게다가 회사 동료들과의 만남도 시간이 흐를수록 줄어듭니다.

생각이 여기에 이르게 되면 불안감을 느끼지 않을 수 없습니다. 설령 일을 계속한다고 해도 회사의 동료가 고독을 해소시켜주는 친구가 될 가능성은 얼마나 될지 모릅니다.

적어도 도시에서 생활한다면 주위에 사람이 없다는 상황은 벌어지지 않을 것이지만, 만나 대화는 나눌 수 있을지 몰라도 마음이 통하는 사람은 아닐 가능성이 높습니다. 그럴 경우 어쩔 수 없이 '군중 속의 고독'에 시달리게 됩니다. 그래서 해외가 아니라 국내에서도 친구가 없는 노후는 두려움의 대상이 됩니다.

PART 8

자아실현

욕구를

———

느낄 때

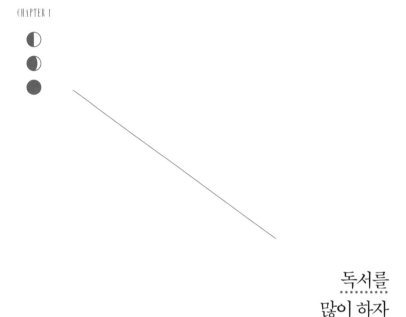

독서를
많이 하자

요즘 젊은이들은 책을 잘 읽지 않아 우리를 우울하게 합니다. 여기저기에 흥미롭고 재미있는 일이 넘쳐나므로 자연히 독서할 시간이 줄어들 수밖에 없을 것입니다. 이런 경향은 벌써 오래전부터 계속되어왔는데 지금은 어른들도 덩달아 독서량이 적어지고 있습니다. 젊은 시절에 독서하는 습관을 들이지 못하면 어른이 되어서도 책을 가까이하지 못합니다.

조지아공과대학교 객원교수인 유진 그리스만은 노력과 인내력, 정열, 집중력, 운, 타이밍 외에 사람이 성공하기 위해 필요한 요소의 하나로 '독서'를 들었습니다.

그리고 중국 송나라의 학자 왕안석은 〈권학문(勸學文)〉에서 '책을 읽으면 만 배의 이득을 얻을 수 있다'고 말했습니다.

시대가 아무리 변해도 독서보다 나은 자기계발법은 없습니다. 그리스만의 책에 성공한 사람으로 소개된 미국의 실업가 J.B.후커는 다음과 같이 말합니다.

"책에는 사람이 지금까지 얻은 모든 지식이 쓰여 있다. 선인들의 지혜를 손에 넣고 싶으면 책을 읽어야 한다."

미국에서 명성이 자자한 유머 작가 아트 부크월드는 열여섯 살까지만 학교에 다녔습니다. 고등학교를 그만두고 해군에 입대했던 것입니다. 그런데 지금은 몇 십 개의 대학에서 자기보다 훨씬 훌륭한 교육을 받은 사람들을 상대로 강의를 하고 있습니다. 그는 독학으로 교양과 지식을 익혔습니다. 그의 독서량이 실제로 어마어마했음을 유추해볼 수 있습니다.

우리는 지금 넘쳐나는 책의 홍수 속에서 살고 있기 때문에 그 고마움을 잘 느끼지 못하지만 어떤 책은 한 사람의 일생에 필적할 만한 내용이 담긴 유익한 것이 많습니다.

독서를 하는 것은 학교에 다니는 일이나 다름없습니다. 책을 읽으면 지식을 얻을 수 있을 뿐만 아니라 저자나 등장인물과의 교류를 통해 친해질 수 있습니다. 보통 우리가 만나는 사람보다 훨씬 학식 있고 대단한 체험을 한 사람을 직접 만나 배움을 구할 수 있는 것입니다.

위인전을 통하여 이순신 장군, 나폴레옹, 아인슈타인을 가까이서 대할 수 있습니다. 이런 고급스런 경험을 할 수 있는 기회는 독서를 통해서만 주어진다고 해도 과언이 아닙니다.

단, 책은 잘 읽어야 합니다. 특히 인생의 절반이 지난 후에 독서를 할 때는 다음의 세 가지 사항에 주의해야 합니다.

첫째, '읽고 싶은 책'을 골라야 합니다.

자신이 흥미를 가지고 읽을 수 있는 책을 가까이 두고 시간이 날 때마다 읽는 것입니다. 독서하는 습관을 들이려면 이 방법이 가장 좋습니다.

둘째, '베스트셀러'도 가끔 읽어야 합니다.

이런 책에는 시대를 반영하는 의식이 반드시 담겨 있는 바 시대 감각을 잃지 않으려면 베스트셀러를 무시해서는 안 됩니다.

셋째, '고전'을 읽어야 합니다.

근대 문학이나 서양 문학의 명작, 누구나 한 번은 입에 올린 적이 있는 철학책이나 사상책 등도 1년에 한두 권은 독파하는 것이 좋습니다.

사람은 독서 습관만 붙이면 일과 관련된 책은 자연히 읽기 마련입니다. 또 독서를 하면 활자와 친숙해져서 신문이나 주간지, 잡지 등에도 눈길이 가게 됩니다.

단지 정보만을 구하기 위해서라면 다른 미디어를 통해서도 얻을 수 있습니다. 그러나 활자에서 멀어지면 정보가 자신의 내부에 쌓이지 않습니다. 파피루스에서 시작된 문명사회는 절대로 활자를 떼어놓고 생각할 수 없습니다.

현대에는 책 대신 영상 미디어를 활용하여 인생을 알고 지식을 높일 수 있습니다. 텔레비전이나 비디오로 영화나 드라마를 감상하는 일도 독서에 필적하는 효과를 얻을 수 있지요.

인생은 한 가지 길을 선택하면 동시에 다른 길을 갈 수 없습니다. 하지만 독서나 영화를 통하여 다른 인생을 경험할 수 있습니다. 그리고 그 경험은 현재 자신의 인생에 도움이 됩니다. 또 독서는 혼자서 즐길 수 있는 장점이 있습니다.

늙으면 누구나 고독해지기 마련입니다. 특히 배우자가 먼저 사망한 경우에는 더욱 그렇습니다. 그때 누군가를 만날 수 없다면 고독감은 더욱 깊어질 것입니다. 사람과의 만남이 언제나 자신의 뜻대로 이루어지지는 않기 때문입니다. 그럴 때 혼자서도 즐길 수 있는 것이 바로 독서입니다.

좋아하는 분야의
자격증을
따자

　정리해고를 당한 후 자격증을 따기 위해 공부하는 사람이 많습니다. 취업문이 좁은 현실에서 조금이라도 재취업에 유리한 조건을 갖추려는 것입니다. 그 마음이야 너무나 잘 이해하지만 그런 발상밖에 못하기 때문에 정리해고를 당한 것은 아닐까요? 사고방식이 안일하기 짝이 없다는 생각이 듭니다.

　자격증을 따면 정말로 좋은 자리에 취직할 수 있을까요? 게다가 인생의 절반이 지난 마당에 현실은 만만치 않습니다. 자격증을 몇 십 개나 가지고 있는 자격증 마니아에게 그것이 살아가는 데 얼마나 도움이 되느냐고 물은 적이 있습니다. 대답은 "대부분 쓸모없어요"였습니다. 그는 다만 취미로 자격증을 땄을 뿐이라고 했습니다.

변호사나 법무사 같이 자격증이 있어야 개업할 수 있는 직업은 별개지만 보통 자격증은 '없는 것보다 있는 편이 조금 나은' 정도에 지나지 않습니다.

물론 그중에는 정말로 유리하게 작용하는 자격증도 있습니다. 하지만 대부분의 경우 자격증은 지원자가 쇄도하여 상대적으로 가치가 떨어집니다. 그리고 같은 자격증을 가지고 있다면 회사는 당연히 젊은 사람을 선택하기 때문에 중·장년이 "이러이러한 자격증을 가지고 있습니다"라고 말해봤자 별 소용이 없습니다.

부동산업을 할 수 있는 공인중개사 자격증 등은 차 없는 사람이 가진 운전면허증처럼 중개소를 오픈하지 않는 한 대부분 무용지물일 뿐이고, 중소기업진단사는 자격증을 따도 고객을 확보하기가 어려워 포기하는 사람이 많습니다. 그러니 구체적인 방안 없이 그저 '자격증만 따면……' 하는 생각을 가지고 있다면 그 꿈에서 빨리 깨어나야 합니다.

자격증에는 국가공인자격증과 민간자격증이 있습니다. 공인자격증을 따면 취업에 도움이 될 것 같지만 실제로는 그렇지도 않습니다. 다만 학원이나 유관단체에서 자격증을 따게 하려고 '감언이설'로 사람들을 설득하지만 그대로 믿기에는 문제가 있습니다. 그러므로 '먹고살려면 자격증을 따야 해'라는 생각은 너무나 순진한 발상입니다.

평생직장의 개념이 사라진 상황에서 자격증에 기대를 거는 심리는 충분히 이해가 갑니다. 하지만 영원히 통용되는 '패스포트'는 존재하지 않습니다. 믿을 것은 오직 자신밖에 없습니다. 그러니 같은 돈과 시간이라면 '자기계발'에 투자하는 것이 훨씬 유익합니다.

그렇다고 어떤 자격증도 필요 없다는 것은 아닙니다. 자신이 좋아하는 분야의 자격증을 따두는 것은 매우 바람직합니다. 단, 그것에 의지하여 '먹고살자'는 막연한 생각은 버렸으면 합니다.

어떤 대기업에 다니던 사람이 치열한 경쟁을 뚫고 중역이 되었는데 사표를 내고는 수공예품을 만드는 일을 시작했습니다. 이전부터 무척 하고 싶었던 일이었다고 합니다. 수입은 주부들의 부업 수준에도 못 미쳤지만 날마다 설레는 마음으로 즐겁게 살고 있습니다.

어차피 자격증을 따려 한다면 그와 같은 기준에서 자격증을 선택하는 것이 좋겠지요. 마흔을 넘긴 사람이 새로운 일을 선택할 때는 '도움이 되느냐?'보다 '좋아하는 길로 나아갈 수 있느냐?'가 기준이 되어야 하지 않을까요?

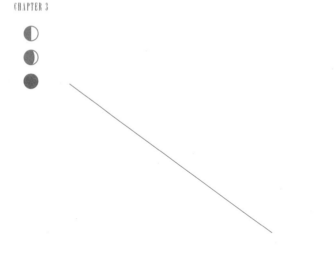

소프트웨어를
충분히
준비하자

문화나 예술 방면에 이해나 식견이 없다면 진정한 지성인이라고 할 수 없습니다. 아무리 공부를 잘해서 명문대학을 나왔다고 할지라도, 또 회사에서 맡은 일을 잘하는 유능한 직장인이라고 할지라도 그것만으로는 진정한 사회인이라고 할 수 없습니다. 더욱이 인생의 절반을 보낸 지금에도 그 정도라면 문제는 더욱 심각합니다. 그런 사람은 회사에 출근하지 않는 휴일이나 공휴일 등의 남아도는 시간을 고작 집에서 낮잠을 자거나 아니면 TV 앞에 앉아 한심하게 보낼 수밖에 없을 것입니다.

"정년퇴직을 하고 나니 날마다 '내일은 무엇을 하며 지낼까?'를 생각해야 한다. 세상에 그런 고통도 없다."

어느 퇴직자의 말입니다. 이 사람은 그야말로 회사와 집밖에 모르고 살던 사람이었습니다. 뮤지컬이나 오페라는 물론, 영화 한 편을 안 보고 30년을 오직 직장에만 매달려 살아왔습니다.

이런 사람들은 그런 자신의 삶에 대해서 부끄러운 줄 모릅니다. 어쩌면 그들은 시대의 희생양인지도 모릅니다. 오늘날 입시경쟁에 쫓겨 고등학교 때부터 입학시험에 몰리고 또 대학에 들어와서는 졸업 후의 취직을 걱정해야 하는 시대에 살다 보니 그런 문화적 가치를 향유할 권리를 상실한 것입니다. 그래서 가령 대통령이나 정치인이 오페라를 관람했다는 기사가 나오면 국민들은 대부분 '대통령이 그토록 한가한가'라는 생각부터 갖습니다. 이것은 우리 국민들이 문화나 예술에 대한 가치를 인식하지 못하기 때문에 생기는 현상입니다.

뮤지컬이든 오페라든 아니면 미술 감상이든 문화에 대한 이해나 식견을 갖는 것도 때가 있습니다. 이런 감상할 수 있는 능력은 젊은 때가 풍부합니다. 따라서 적어도 삶의 절반에 도달한 지금은 그런 문화적·예술적 향기를 맛볼 좋은 기회입니다.

물론 성인이 되면 그런 것들을 감상합니다. 우리나라는 법적으로 만 19세 이상을 성인으로 인정합니다. 그런데 그 나이가 지났다고 해도 몸과 마음이 모두 성인이라고 말할 수 있는 사람은 드뭅니다. 30세나 40세가 되어서야 비로소 성인이 되는 사람도 적지 않습니다.

일본의 유명한 작가인 소노 아야코는 자신과 같이 냉철한 사람도 성인이 된 지 10년이 지나서야 남의 호의를 이해할 수 있었다고 말했습니다. 또 부모의 은혜를 쉰 넘어서야 알게 되었다고 말하는 사람도 있습니다. 이처럼 사람들은 자신이 알고 있는 것보다 모르는 것이 더 많습니다. 게다가 20대나 30대까지는 음악이나 예술 감상도 대중문화에 치우쳐 휩쓸리기 쉽습니다.

그러므로 우리는 삶의 절반에 이르렀을 때는 인생의 소프트웨어를 다양하게 사용하여 자신을 갈고닦아야 합니다. 그리고 그 소프트웨어에는 예술이나 문화에 관련된 프로그램이 다양하게 포함되어 있어야 합니다. 소노 아야코의 말을 다시 들어봅시다.

"삶의 절반에 도달하기 전에는 인생의 하드웨어를 완성하고 절반이 지날 때부터는 소프트웨어를 준비해야 한다. 하늘에서 갑자기 소프트웨어가 쏟아지는 일은 없다. 뿐만 아니라 하드웨어만 있고 소프트웨어가 없으면 제대로 기능을 하지 못한다."

삶의 절반인 지금부터 해도 늦지 않습니다. 항상 호기심을 가지고 여러 가지 소프트웨어를 준비합시다. 그러기 위해서는 좋아하는 일뿐만 아니라 싫어하는 일에도 관심 영역을 넓혀야 합니다. 이렇게 소프트웨어를 다루다 보면 삶의 절반을 즐겁게 사는 데 많은 도움이 될 것입니다.

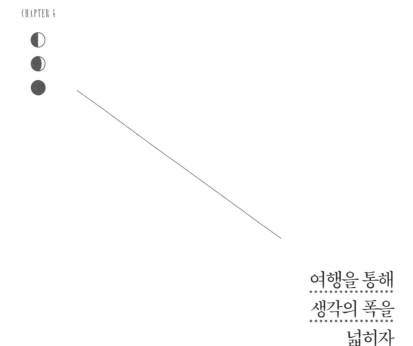

CHAPTER 4

여행을 통해
생각의 폭을
넓히자

장기 체류형 휴양지를 경험하는 것에 의해 무엇을 알 수 있을까요?

지금까지 집은 하나뿐이고 직장도 하나, 그리고 집과 직장을 왕복하는 것이 생활의 전부라고 생각한 사람도 많을 것입니다. 하지만 장기 체류형 휴양지를 경험하게 되면 인생은 결코 그렇게 고정적인 것이 아니라는 사실을 깨닫게 됩니다.

물론 그것이 뿌리 없는 풀처럼 떠돌이 생활을 의미하는 것은 아닙니다. 반대로 생활의 근거지가 있다는 사실에 대해 고마움을 확실히 느끼게 될 것입니다. 그러나 철새의 생태를 보아도 알 수 있듯이 항상 보다 나은 환경, 쾌적한 환경을 추구하여 이주하는 생활 방식 또한 한 방법입니다.

실제로 유목민족처럼 이런 라이프 스타일을 보낸 사람들이 있었습니다. 인기 만화 〈알프스 소녀 하이디〉의 주인공처럼 여름에는 산에서 방목을 하고 겨울에는 산기슭의 마을에서 생활하는 방법도 분명히 존재했습니다. 또, 수렵민족이나 어민들처럼 사냥감이나 물고기를 찾아 먼 여행을 떠났다가 한두 달 동안 돌아오지 않는 생활을 보내는 사람들도 있습니다.

여행지를 추천하자면 오스트레일리아가 좋을 듯싶습니다. 그곳은 북쪽은 적도에 가까운 열대에 인접해 있고, 남쪽은 남극대륙에 가까운 타스마니아의 아한대까지 폭넓은 기후 풍토를 갖추고 있으며, 서쪽으로는 인도양, 동쪽으로는 남태평양과 만납니다. 때문에 여행하는 내내 바다에서 수영을 즐길 수도 있고, 시원한 장소에서만 생활할 수도 있습니다. 겨울에는 적도 부근의 그레이트 배리어 리프에서 추위를 피하며 해수욕을 즐기다가 봄이 되면 시드니 부근으로 돌아오는 생활을 하는 사람도 많습니다.

제2의 인생이 몇 십 년이나 이어질지 알 수 없지만 우리나라 전국을 모두 돌아보는 것만도 쉬운 일은 아닙니다. 어쨌든 자택과 직장을 연결하는 선 위를 왕복하는 것만으로는 깨달을 수 없는 것이 분명히 있습니다.

열흘이든 일주일이든, 아니면 며칠만이라도 상관없으니까 일단 집 밖으로 뛰쳐나가봅시다. 그렇게 하면 자신이 얼마나 작은 세계에서 생활했는지 깨달을 수 있을 것입니다. 그리고 그것을 깨달으면 지금 왜 지구 환경 문제가 제기되고 있는지, 남은 제2의 인생에서 자신이 해야 할 일이 얼마나 많은지도 깨닫게 될 것입니다. 그러면 지루하기만 하고 할 일이 없다는 따위의 불평은 절대로 늘어놓지 않을 것입니다. 또 시간이 매우 귀중하다는 생각도 하게 될 테고, 집과 가족이 얼마나 소중한 존재인지 새삼 깨닫게 될 것입니다. 이것은 외국으로 나가봐야 조국의 고마움을 느낀다는 말과도 의미가 통합니다.

늘 집과 회사를 왕복하면서 변함없는 얼굴만을 상대하고 있으면 집과 회사, 가족, 직장동료의 고마움을 느끼기 어렵고, 그날그날을 타성에 젖어 보내게 됩니다. 그럴 경우, 훨씬 더 빨리 늙습니다.

관록과 연륜이
몸에 밴
사람이 되자

사람은 나이에 맞는 '관록'이나 '연륜'이 나름대로 몸에 배어 있어야 하는데 그것을 느낄 수 있는 사람이 드뭅니다. 그런 관록이나 연륜은 요즘 세상과 부합하지 않고 스스로도 몸에 익히는 것을 의식하기 때문입니다.

관록이나 연륜이 느껴지는 사람은 오직 한 길만 고집스럽게 걸어온 장인이나 무도가, 전문 직업인들 가운데서나 겨우 찾아볼 수 있습니다. 옛날에는 우편집배원을 천직으로 여기며 평생 그 일만 해온 이들 가운데도 그런 사람이 있었습니다. 지금은 관록이나 연륜이 무엇인지조차 모르는 사람이 허다합니다.

　미국에서 있었던 이야기입니다. 한 판사가 정육점 앞을 지나가려는데 안에서 주인이 불러 멈춰 섰습니다.
　"나리, 지혜를 조금 빌려주시겠습니까?"
　"무슨 일인데 그러시오?"
　"고기를 도둑맞았는데 법률적으로 어떤 조치를 취하면 좋겠습니까?"
　"그럼 고소를 해야지요. 그냥 두면 또 당할 거요."
　"훔친 자가 사람이 아니어도 말입니까?"
　"사람이 아니라니요?"
　"네, 실은 개가 그랬거든요."
　"그럼 그 개 주인에게 변상해 달라고 하시오."
　"아, 그러면 되겠군요. 나리, 고깃값은 5달러입니다."
　정육점 주인은 어렵지 않게 고깃값을 받았습니다. 고기를 훔친 것은 바로 판사네 개였던 것이지요.
　며칠 뒤, 정육점 주인 앞으로 청구서 한 장이 날아왔습니다. 판사가 보낸 것이었는데 거기에는 이렇게 적혀 있었습니다.
　'쇠고기 도난 사건, 상담료 5달러. 위와 같이 청구합니다.'

　하나 더 소개하겠습니다.
　호텔에서 열린 파티에 참석한 한 신사가 시중드는 사람에게 모자를 맡겼는데 왠지 불안했습니다. 그는 늙은 흑인인데다 보관표도 없었습니다. 신사가 걱정스러워하자 그가 말했습니다.

"나리, 저는 오랫동안 이 일을 해왔습니다. 염려 놓으세요."

파티가 끝나고 신사가 돌아오자 그는 모자를 내밀었습니다. 틀림없는 자신의 모자였습니다. 안심한 신사는 장난삼아 트집을 잡아볼까 해서 말했습니다.

"이보게, 이 모자 내 것이 분명한가?"

그러자 그는 자신만만한 표정으로 이렇게 말했습니다.

"그것이 나리의 모자인지는 확실하지 않지만 제게 맡긴 모자임에는 틀림없습니다."

이 두 가지 일화에서 볼 수 있듯이 외국의 연장자들은 모두 만만치 않습니다. 각자 자신의 삶을 충실히 살아오면서 쌓은 관록을 갖추고 있기 때문입니다. 두 이야기와 같은 상황이 지금 한국에서 일어난다면 이런 재치를 발휘할 수 있는 사람이 과연 몇 명이나 될까요?

옛날의 어른들은 살아가면서 만나는 여러 위기를 다양한 지혜와 인내로 헤쳐나갔습니다. 그런데 어쩐 일인지 지금은 그런 연륜이 느껴지는 사람이 흔치 않습니다. 아마도 삶에 지혜와 생각의 여유가 없기 때문일 것입니다.

기업이 하나의 집단을 이루면서 개인은 자신의 삶을 이끌어가는 데 많은 신경을 쓸 필요가 없어졌습니다. 이런 현상은 시절이

평화롭다는 뜻이므로 고마운 일이긴 하지만 사람의 정신을 안일하게 만드는 폐해도 안겨주었습니다.

또 이처럼 안이하게 늙어간 어른에게 교육을 받는 사람은 어떻게 될까를 생각하면 우리나라의 미래가 매우 걱정됩니다. 점점 더 안이해질 것은 불을 보듯 뻔하니까요. 이미 요즘의 젊은이들에게서 그 폐해가 나타나고 있습니다.

인생의 절반을 산 연장자들은 지금부터라도 자신만의 관록이나 연륜이 배어나는 어른이 되도록 노력해야 합니다. 다른 사람이 뭐라고 하든 자신이 선택한 삶의 방식을 흔들림 없이 지켜나가는 어른 말입니다.

그런 어른은 남에게 농락 당하지 않는 기개를 가지고 있습니다. 한 잡지와의 인터뷰에서 배우이자 탤런트인 이순재 씨는 어떻게 늙어가고 싶은지에 대해 다음과 같이 말했습니다.

"사람들이 저를 이렇게 봐줬으면 좋겠습니다. '저 할아버지는 언제나 싱글벙글 웃고 있지만 일단 화나면 얼마나 무서운지 몰라.' 그러니까 어딘지 범접할 수 없는 당당함이 풍겨나왔으면 합니다."

여기에는 단순히 어른으로 대접을 받겠다는 것뿐만 아니라 어른으로서의 책임도 다하겠다는 뜻도 담겨 있습니다.

PART 9

가정에서

다시

———

생각해야

할 것들

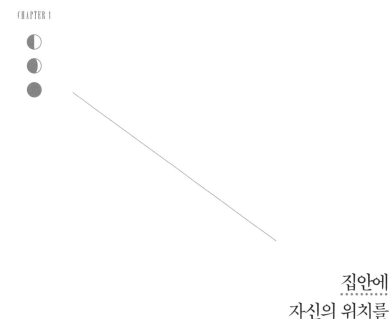

집안에
자신의 위치를
확고히 만들어라

다음부터의 이야기는 인생의 가장 중요한 시기에 타의든 자의든 직장을 잃은 남편들에게 드리는 말입니다.

회사에 근무할 때는 나름대로 지위가 주어져 자신의 자리를 확보할 수 있지만 그 지위를 잃고 집안에 머물게 되면 몸둘 바를 모르고 비참한 존재가 되어버리는 사람이 많습니다. 그런 현실을 잘 알고 있기 때문에 남편들은 가능하면 현역에 머물러 있고 싶어 합니다. 그래서 일에 매달리지요. 이것은 특히 높은 지위에 있던 사람, 또는 화이트칼라에게서 두드러지게 나타나는 현상입니다.

하지만 할 일이 없는 사람이 물러나지 않고 자리를 지키고 앉아 있으면 후배들이 난처해집니다. 그리고 앞으로는 그렇게 끈질기게 머물러 있을 수도 없습니다. 퇴직 예비군이 계속 증가하기 때문입니다.

베이비붐 세대를 중심으로 매년 수백 명에서 천 명 정도가 '퇴직 적령기'를 맞고 있는 기업도 있습니다. 수요와 공급의 균형에서 볼 때 자리가 부족해질 수밖에 없습니다. 따라서 집에서 대기하는 사람의 수도 급격하게 증가할 것은 뻔한 이치입니다.

지금은 젊은 사람들도 취직난을 겪고 있습니다. 그러니 높은 급료를 받으면서 일은 제대로 하지 못하는 어정쩡한 화이트칼라는 인기가 없어지는 것입니다.

지금까지 창문을 등지고 고급 의자에 앉아 있던 사람일수록 어지간한 특기가 없는 한 퇴출 대상이 됩니다. 자연히 집으로 돌아가야 할 상황으로 몰립니다. 이런 입장에서 볼 때 50대는 재미있기는 커녕 고통의 시작일 수도 있습니다. 적어도 무엇인가 대책을 마련하지 않는 한……

그렇다면 어떤 식으로 대책을 마련해야 할까요? 다른 일자리를 찾아보아야 할까요? 그것도 좋은 방법일 수 있지만 변변치 않은 일자리밖에 없을 것입니다. 생각을 바꿔 육체노동을 해보겠다고 마음먹는다면 나름대로 새로운 길을 개척했다고 표현할 수 있지만, 내가 보기에 이런 사람은 의식을 전환하기 어렵다고 생각됩니다.

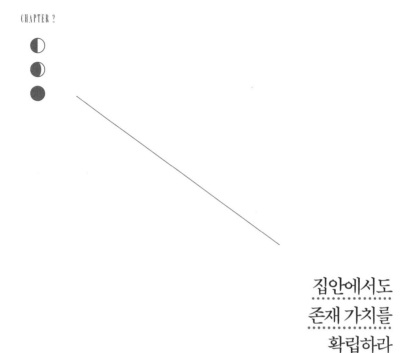

집안에서도
존재 가치를
확립하라

특히 남성에 해당하는 이야기가 될 것 같습니다. 예부터 남성은 주로 바깥일을 도맡고 아내는 집안을 돌봐왔지만 최근에는 이러한 관념이 서서히 무너지고 있습니다. 아내가 바깥일을 돌보고 남편이 육아와 살림을 도맡는 경우도 있고, 여성의 사회 참여와 남성의 살림 참여도가 증가하는 경향에 따라 서로의 일을 이해하고 함께 협력하는 분위기가 확산되고 있습니다.

사실 예전에 어린 시절을 보낸 사람들이라면 아버지와의 추억이 없는 경우가 대다수이고, 아버지는 그저 가정 경제를 책임지시는 분이라고 생각하는 경향이 강했습니다. 얼마 전, '엄마는 나를 예뻐해줘서 좋고, 냉장고는 나에게 먹을 것을 주어서 좋고, 나랑 놀아주어서 강아지가 좋은데 아빠는 왜 있는지 모르겠다'고 쓴 초 등학생의 시가 인터넷상에서 화제가 되었듯 가정에서 아버지라는 존재는 그 가치가 생각보다 많이 떨어져 있습니다.

인생에서 더 오래 가는 것이 일터보다는 가정입니다. 가정에서 나의 존재가 없다면 이것만큼 슬픈 일이 있을까요? 일터에서는 자 신의 존재감을 위해 야근도 불사하지만 유독 가정에는 소홀할 수 밖에 없는 대한민국의 남성들이 안타깝습니다.

조금씩 집안에서 존재 가치를 키워나가면 어떨까요? 아이와 함 께 정말 아이가 된 것처럼 놀이도 하고 아내를 위해 여러 가지 가 사노동을 대신해 보는 것입니다. 이것은 여러 가지로 의미가 있을 것입니다.

아침에 일어나서 이불을 개고, 식사 준비를 하고, 설거지를 한 뒤에 청소와 빨래, 점심식사 준비, 설거지, 낮잠(?), 저녁식사를 위 한 장보기, 빨랫감 수거, 저녁식사 준비, 설거지, 빨래정리, 다림질, 취침 준비……. 이런 식으로 아내가 도맡아 해온 가사 노동을 경험 해보는 것입니다.

이것은 다음과 같은 여러 가지 의미를 가집니다.
• 운동 부족 해소에 도움이 됩니다.
• 아내가 편해집니다. 일이 서투른 탓에 아내를 더 귀찮게 할 가

능성도 있지만.

- 아내의 마음을 어느 정도 이해할 수 있게 됩니다.
- 가사 노동은 변화가 풍부하기 때문에 재미도 있다는 사실을 깨닫게 됩니다. 적어도 회사에서의 단조로운 업무보다는 창조 성을 발휘할 만한 부분이 있고, 그중에 요리는 '예술'과 통하 는 점이 있습니다. 그리고 주택의 형태에 따라 다음과 같은 일 도 할 수 있습니다.
- 정원 손질, 청소
- 집 안팎의 수리

외국의 경우 퇴직하기 전, 현역에 종사하던 젊은 시절부터 집 안팎의 어지간한 수리는 스스로 해결하기 때문에 이런 일들은 주 로 남편이 담당합니다. 그중에는 장기 휴가를 내어 집을 짓는 남 편도 있습니다. 그들은 대부분 자택에 워크숍(일요 목수의 작업실)을 가지고 있습니다.

대도시의 답답한 공간에서 생활하는 사람들은 이런 작업을 할 수 없다는 점이 아쉽지만 그래도 선반을 매야 한다거나 벽에 페인 트칠을 해야 한다거나 전기제품이 가벼운 고장을 일으키는 경우 는 얼마든지 있습니다. 이럴 때 두—잇—유어셀프(DIY)를 할 수 있 다면 편리할뿐더러 아내도 고마움을 느낄 것입니다.

직장과 마찬가지로 가정에서도 존재 가치를 느낄 수 있도록 노 력해야 합니다.

아내의
경험을
활용하라

갑자기 가사를 도와준다는 것이 쑥스럽다고 생각되는 분들에게는 '퇴직한 이후 부부가 함께 생활하는데 어느 정도의 돈이 필요할까?'라는 화제부터 시작하여 아내와 대화를 나눌 기회를 만들 것을 권합니다.

이 화제는 지극히 당연한 것처럼 보이지만 뜻밖에도 실제 부부사이의 대화 주제가 되는 경우는 매우 적은 듯합니다. 그리고 남편은 지금까지의 연장선상에서 제2의 생활설계를 하기 쉽습니다. 그러나 연공서열이라는 임금체계 안에서 오랜 세월 근무한 회사의 급여 수준을 새로운 직장, 다른 일자리에서 확보하려는 것은 50대의 나이에는 무리입니다. 대부분의 사람들은 전직을 할 때 지금까지의 급여 수준을 유지하겠다고 생각하지만 좌절로 끝날 가능성이 매우 높습니다.

샐러리맨의 급료는 적당히 정해지는 듯 보이지만 실제로는 매우 합리적으로 정해집니다. 높은 급료를 줄 경우 회사는 그만큼 엄격한 조건을 제시하는 것입니다. 만약 미리 아내와 대화를 나누어 보았다면 부부 두 사람의 생활비가 어느 정도 필요한지 대강 알고 있을 것이기 때문에 얼마의 수입을 확보해야 살아갈 수 있는지가 나올 것입니다. 그렇다면 수입은 이차적인 문제가 되며, 그에 앞서 다음과 같은 점들을 생각해야 합니다.

- 자신이 하고 싶은 일, 좋아하는 일, 즐거운 일, 사회적으로 의의를 느낄 수 있는 일을 선택합니다.
- 남는 시간에 무엇을 할 것인지 생각합니다.

그리고 취미나 봉사활동 등을 하기 위한 생활비를 어떻게 확보할 것인지 작전을 세우면 됩니다. 구체적으로는 퇴직금의 운용이나 연금 등에 의해 몇 세부터 어느 정도의 수입이 들어올 것인지, 그리고 만약 그것만으로는 생활비가 부족할 경우 그 부족한 양을 어떻게 충당할 것인지 계획을 세워야 합니다.

제2의 인생에서 부부 두 사람의 생활수준이 확실하게 정해져 있다면 비교적 편안하게 일을 선택할 수 있을 것입니다.

여가 활용에 있어서는 아내가 선배

생활비는 단순히 생활할 수 있는 정도의 경비를 말하는 것은 아닙니다. 콘서트에 가고, 전람회, 연극이나 영화감상, 여행, 문화, 스포츠, 교류를 위한 각종 모임, 세미나 등 이른바 교양과 오락비도 생각해두어야 합니다.

사실 이 부분에 있어서는 아내가 '선배'이니까 아내와 상담하면 됩니다. 어느 강좌가 좋을지, 강좌에 관한 정보는 어디에서 얻는지, 폭넓은 지식을 갖추고 있는 아내에게 남편들은 놀라지 않을 수 없을 것입니다.

이것은 지극히 당연한 일입니다. 아내들은 자녀를 양육하는 것이 가장 큰 삶의 보람이고, 이 대사업이 막을 내리는 것은 30대 후반에서 40대 후반이 됩니다. 따라서 그즈음부터 일종의 전환기를 맞이하여 앞으로 자신의 인생을 어떻게 보낼 것인지 고민합니다.

그리고 여러 번의 시행착오를 겪은 끝에 그녀들은 '제2의 인생'을 보내는 방법, 즉 라이프 스타일을 확립하는 것입니다. 따라서 남편은 아내의 경험이나 정보를 충분히 활용해야 합니다.

이상과 같은 사고방식을 바탕으로 생각하면 제1의 인생에서 불행했거나 자신의 뜻대로 살지 못한 사람이야말로 50대부터가 정말로 즐거운 인생이 될 가능성이 높다고 할 수 있는데, 그 출발점은 '아내와의 대화'입니다.

그리고 대화의 중점적인 주제는 아래와 같습니다.

제2의 인생의 경제 계획

생활비는 얼마나 필요한지, 운용자금이나 연금, 그리고 부족한 돈은 어떻게 충당할 것인지, 교양 및 오락비는 어느 정도나 확보해야 하는지, 무엇을 삶의 보람으로 느끼고 즐길 것인지, 두 사람의 공통된 주제는 무엇인지, 갑작스런 지출에는 어떻게 대비할 것인지, 보험 등의 계획은 어떻게 세울 것인지 등을 꼼꼼히 챙겨야 합니다.

그리고 남편은 아내가 자녀 양육을 일단락 짓고 인생의 전환기를 맞이하면서 어떤 것에서 삶의 보람을 찾고 있는지, 어떤 즐거움을 찾고 있는지 진지하게 귀 기울여 배워야 합니다. 제2의 인생에서는 아내가 선배임을 인정해야 합니다.

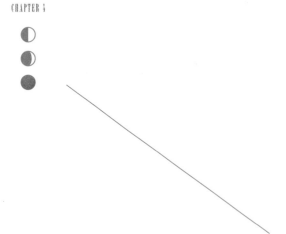

부부간의
끝없는 화제를
만들어라

부부간에 '생활의 기초가 되는 경제 계획이나 여가 시간을 보내는 방법' 등에 대해 조금씩 구체화시켜가는 과정에서 '장래에는 어디에서 어떤 형태의 생활을 할 것인가?'하는 점을 이야기하면 대화는 끝없이 펼쳐질 것입니다.

예를 들면 '도시에서 생활할 것인가, 지방에서 생활할 것인가?'에 대한 이야기를 나누더라도 각각 장점과 단점이 있기 때문에 쉽게 결정하기 어려운 부분이 있습니다. 도시생활에는 편리함, 문화 향유, 빠른 정보의 확보 등의 장점이 따릅니다. 그 대신 공기가 오염

되어 있고, 교통이 매우 혼잡하며, 생활환경도 좋지 않습니다. 최근에는 젊은이들 사이에서도 고향으로 귀향하는 현상이 발생하고 있을 정도입니다. 때문에 중·장년이라면 더욱 심사숙고해야 합니다.

그러나 지방 출신자는 고향으로 돌아가는 것으로 간단히 끝나는 문제이지만 도시에서 태어나고 자란 도시인의 경우에는 돌아갈 고향이 없습니다. 또 지방 출신자라고 해도 그 지역에서 생활하는 부모나 형제가 없다면 도시인과 마찬가지입니다.

또 지방에서 도시로 나온 사람의 경우, 새삼스럽게 다시 돌아간다는 것도 쉬운 일은 아닙니다. 이런 타입에 해당하는 사람들은 '지방은 공기는 좋을지 모르지만 지루하고, 인간관계를 형성하기도 어려우며, 즐길 문화가 없는 것'을 단점으로 꼽습니다. '네온사인이 눈에 띄지 않으면 외로움이 느껴진다'는 사람에게 시골 밤의 어둠은 을씨년스럽기까지 할 것입니다.

이런 문제에 대해서도 부부가 함께 진지하게 의논해보는 것이 좋습니다. 물론 의견이 일치하면 좋겠지만 남편은 지방파로, 아내는 도시파로 의견이 대립되면 오히려 수습이 어려워질 우려도 있습니다.

도시든 지방이든 오랜 세월 동안 생활하여 익숙해진 장소를 떠난다는 것은 나이를 먹을수록 쉬운 일이 아니므로 생활 터전을 옮기려면 건강할 때 해야 합니다. 이것은 '지역사회에 어떻게 적응할 것인가?'라는 문제와도 밀접한 관계가 있습니다.

정년, 또는 현역에서 은퇴하여 거처를 옮기는 것도 한 가지 방법이지만 여기에는 상당한 에너지가 필요하다는 점만큼은 각오해두어야 합니다. 마음과 몸이 모두 쇠약해진 상황에서 낯선 땅, 낯선 사람들이 살고 있는 지역으로 이주하여 그곳에서 생활한다는 것은 생각만큼 쉬운 일은 아닙니다. 그러니까 건강할 때 이런 점에 대해 부부가 의논해야 합니다. 따라서 그런 부분을 보완하려면 주변의 선배들을 방문하여 그들의 생활을 눈으로 직접 확인하거나 경험담을 들어보는 것도 좋은 방법입니다.

또 이와 관련하여 중요한 문제는 '자녀와 동거할 것인가, 아니면 늙은 부부만 생활할 것인가?'하는 것입니다. 물론 이것은 자녀가 없는 부부나 자녀가 있다고 해도 본인들이 동거할 의사가 없다면 상관없는 이야기이긴 합니다. 그리고 자녀에게 동거할 의사가 있다고 해도 샐러리맨인 경우에는 전근을 해야 하는 문제도 있습니다. 만약 해외 근무인 경우, 동거는 실현 가능성이 거의 없습니다.

독자 여러분들 중에는 아직 먼 미래의 이야기라고 생각할지 모르지만 언젠가, 그리고 누구에게나 찾아오는 노후 문제는 미리, 몇 번이든 의논해보는 것이 바람직합니다. 의논을 한다고 해서 즉시 결론이 나오는 것은 아니지만 그런 대화를 통하여 많은 것을 생각하게 된다는 점이 중요합니다.

결과적으로 현재의 노인 문제를 생각하는 계기가 될 수 있고, 선배인 노인들이 어떻게 생활하고 무엇을 생각하며, 어떤 점을 불안하게 느끼고 무엇을 불만으로 생각하는지, 또는 만족하는지 이해하는 것이야말로 자신의 장래를 생각할 수 있는 단서가 될 것입니다.

부부가 함께 진지하게 의논해보는 것이 좋습니다. 부부간에 '생활의 기초가 되는 경제 계획이나 여가 시간을 보내는 방법' 등에 대해 조금씩 구체화시켜가는 과정에서 '장래에는 어디에서 어떤 형태의 생활을 할 것인가?' 하는 점을 이야기하면 대화는 끝없이 펼쳐질 것입니다.

SECTION · II

남은 인생에 지침이 될 50가지
감동의 이야기들

지금까지의 인생에서 '나' 자신만을 생각해왔다면 이제는 주변을 살펴보세요.

그동안 잘 돌보지 못했던 가족, 친구, 이웃 그리고 세상을 바라보세요.

돈이나 내 꿈을 좇던 시간보다 더 많은 것들을 얻고 느낄 수 있을 것입니다.

PART 1

부모님에 대한

고마움을

―

다시

생각하라

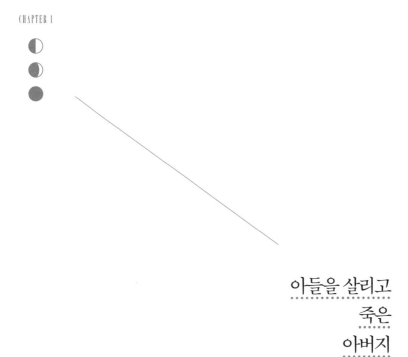

아들을 살리고
죽은
아버지

한 젊은 농부가 캔자스의 한 작은 마을로 기분 좋게 마차를 몰고 들어왔습니다. 그는 대로변 모퉁이에 마차를 세우고 일주일치 식료품과 필수품을 사기 위하여 가게로 들어갔습니다.

그때 가게에서 폭죽을 사가지고 우르르 몰려나온 아이들 가운데 한 아이가 농부의 말 바로 앞에 폭죽을 던졌습니다.

이에 놀란 말들은 앞발을 들고 솟구쳤다가 내려서면서 고삐를 매어둔 말뚝을 짓밟아버렸습니다. 그러자 말뚝이 그대로 부러졌고, 고삐가 풀린 말들은 거리로 내달리기 시작했습니다.

농부는 한걸음에 뛰어와 달리기 시작한 말 가운데 한 마리의 등 위로 뛰어올라가 가까스로 말고삐를 거머쥐었습니다. 놀란 말은 농부를 내동댕이쳤으나 농부는 가까스로 매달려 질질 끌려갔습니다. 100미터 정도 끌려가는 동안 말들의 속력이 다소 줄어들자 다시 고삐를 잡으려는 순간 말이 갑자기 앞다리를 들고 서버리는 바람에 옆에서 바람을 가르며 달려오는 다른 말의 발굽에 얼굴을 그대로 강타당했습니다. 의식을 잃은 농부는 그대로 땅바닥에 떨어져 즉사했습니다. 잠시 후 말들은 진정되었고, 사람들은 농부를 길 옆으로 옮겨놓으며 혀를 찼습니다.

"농부가 공연한 짓을 했어. 말들을 그대로 초원으로 가게 내버려두었더라면 이런 불행한 일은 일어나지 않았을 텐데 말이야."

그런데 바로 그때, 멈춘 마차 안에서 한 어린아이가 나와서 울면서 아빠를 찾았습니다. 농부는 아이가 위험하기 때문에 말들을 그냥 초원으로 달리게 내버려둘 수가 없었던 것입니다.

부모의 사랑은 바다와 같다고 합니다.

오늘날 경제가 어려워지면서 아버지의 어깨가 더욱 처집니다. 다시 한 번 아버지의 사랑을 생각해볼 때입니다.

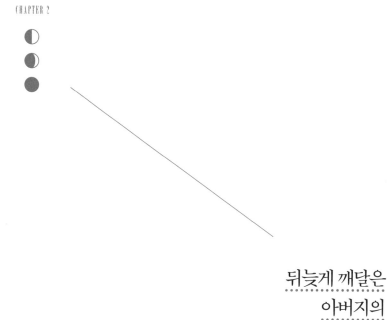

뒤늦게 깨달은
아버지의
사랑

어느 추운 겨울날 저녁, 한 남자가 심장마비를 일으켜 병원에 입원하게 되었습니다. 응급실에서 수술을 받고 병실로 옮겨지자마자 그는 딸에게 전화를 해달라고 간호사에게 부탁을 했습니다.

"여보시오, 난 혼자 살고 있소. 그리고 그 애는 나에게 유일한 가족이오."

그는 아픔 때문이 아니라 딸에 대한 그리움으로 눈물이 맺혀 있었습니다.

간호사는 딸에게 전화를 했습니다. 딸은 몹시 놀라며 전화기에 대고 울먹이는 목소리로 말했습니다.

"아버지를 제발 살려주세요. 저는 일 년 전쯤 아버지와 심한 말다툼을 하고 집을 나왔어요. 정말 용서를 빌고 싶은데 계속 미루다가 몇 달이나 아버지를 찾지 못했어요. 제가 아버지에게 마지막 한 말은 '아버지를 증오해요'였어요."

잠시 동안 침묵이 흐르고 도저히 참지 못한 딸의 울음 섞인 목소리가 들려왔습니다.

"지금 갈게요. 삼십 분이면 도착할 거예요."

얼마 뒤 환자의 심장 박동이 멈춰간다는 신호가 울렸습니다. 전화를 걸었던 간호사는 기도를 했습니다.

"하나님! 이분의 딸이 지금 달려오고 있어요. 제발 이렇게 끝나지 않게 해주세요."

의사는 심장이 움직이도록 전기 충격을 주었지만 환자를 살리려는 노력은 수포로 돌아가고 말았습니다.

뒤늦게 도착한 딸은 의사로부터 아버지의 이야기를 듣고 슬픔과 후회로 통곡했습니다. 간호사가 다가가서 말했습니다.

"상심이 크시겠어요."

딸은 울먹이며 대답했습니다.

"저는 한 번도 아버지를 미워한 적이 없어요. 이제 아버지를 뵈러 가야겠어요."

간호사는 그녀를 병실로 데려갔습니다. 딸은 침대로 다가가 시트에 얼굴을 묻고 흐느끼며 뻣뻣하게 굳은 아버지에게 마지막 인사를 했습니다. 간호사는 슬픈 이별 장면을 보지 않으려고 시선을 돌리다가 시트 옆에 있는 종이 쪽지를 발견하고 그것을 딸에게 주었습니다. 거기에는 이렇게 적혀 있었습니다.

"가장 사랑하는 내 딸아, 널 용서한다. 너도 나를 용서하렴. 네가 날 사랑하는 것처럼 나도 너를 사랑한단다. 아빠로부터."

누구나 잘못은 저지릅니다. 혹시 부모에게 이런 잘못을 저질렀다면 지금 당장 달려가서 먼저 말을 거세요. 달려갈 수 없는 먼 곳에 있으면 전화라도 하세요.

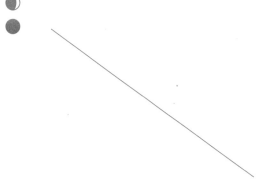

아버지의
선견지명

아들이 고등학교를 졸업한 날, 아버지는 아들을 불러놓고 말했습니다.

"대학에 안 갈 거야?"

"아버지, 제가 몇 번 말했잖아요, 안 간다고요."

"왜 가지 않으려고 하는 거냐?"

"제가 할 일을 찾았기 때문에 대학에 안 가도 된다고 생각해요."

"할 일을 찾았다니, 그게 도대체 무슨 소리냐?"

"저는 장사가 좋아요. 그래서 지금 가게에서 장사를 배우고 있는데 사장님이 곧 월급도 올려준다고 했어요."

"얘야, 세상에는 장사보다 더 좋은 일이 많단다."

"아버지, 행복하게 살면 되잖아요? 저는 지금 행복해요."

아들을 설득하는 데 실패한 아버지는 아들이 다니는 가게로 찾아가서 사장을 만났습니다.

"사장님, 제 아들을 해고시켜 주십시오."

"해고라니요? 댁의 아드님이 얼마나 성실하고 열심히 일을 잘 하는데요."

"내 아들은 대학에 가야 합니다. 그런데 당신의 가게에서 계속 일을 하겠다며 대학에 가지 않으려고 합니다. 그러니 해고시키지 않으면 당신은 내 아들을 망치는 겁니다."

가게 주인은 아버지의 마음을 이해하고 그달치 월급을 주면서 그 청년에게 말했습니다.

"자네는 해고야."

"뭐라고 하셨어요?"

"자네는 해고라고."

"무슨 말씀이세요? 제가 뭘 잘못했다고?"

"다른 말이 필요 없어. 자네는 해고니까 내일부터 나오지 말게."

그 청년은 사장의 말이 아버지의 뜻임을 직감하고 아버지를 찾아왔습니다.

"좋아요. 대학에 가겠어요. 지금부터 공부해서 내년에 들어가면 되잖아요."

그로부터 30년이 지난 뒤 명문대학의 총장이 된 그 청년은 아버지에게 다음과 같이 말했습니다.

"아버지, 그때 저를 해고되게 해주셔서 감사합니다."

나이가 들어야 부모의 참사랑을 아는가 봅니다. 젊었을 때는 자기의 생각이 옳고 부모의 생각은 시대에 뒤떨어진 고루한 것으로 치부하는 것이 현시대 젊은이들의 사고방식일 수 있습니다. 그러나 부모의 생각이나 의견에 귀를 기울여보는 것도 좋은 것입니다.

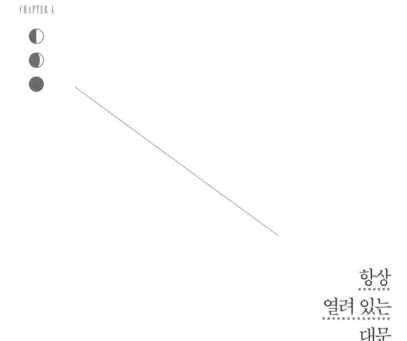

항상
열려 있는
대문

　스코틀랜드의 글래스고에 살던 한 10대 소녀가 부모님이 주는 압박감과 기대감, 그리고 집에서의 생활에 염증을 느꼈습니다. 소녀는 자신에 대한 부모님의 관심을 억압으로 생각하여 집을 나갔습니다. 하지만 직업을 구할 수 없었던 그녀는 결국 창녀가 되고 말았습니다. 세월이 흐를수록 비참한 생활에 더욱 빠져들었습니다. 한편, 딸을 찾아나선 어머니는 모든 구호단체를 돌면서 부탁했습니다.

　"이 사진을 사람들이 볼 수 있는 곳에 붙여주십시오. 제발 부탁합니다."

그 사진은 미소를 짓고 있는 희끗희끗하게 센 머리의 엄마의 사진이었습니다. 그 사진 밑에는 이렇게 쓰여 있었습니다.

"사랑하는 딸아, 엄마는 여전히 너를 사랑한단다. 돌아오너라."

그 뒤로 몇 달이 지나도록 아무 일도 일어나지 않았습니다.

그러던 어느 날, 길거리에서 방황하던 소녀가 한 구호단체에 밥을 얻어먹으려고 왔다가 무심코 게시판을 보았습니다. 그리고 거기에서 '여전히 너를 사랑한단다'라는 어머니의 글을 읽었습니다. 너무나 믿을 수 없는 사실에 그만 소녀는 흐느끼고 말았습니다. 시간은 밤이었지만 소녀는 그길로 집을 향해 걷기 시작하여 새벽이 되어서야 드디어 집에 도착했습니다.

그러나 소녀는 집에 들어가기가 두려워 문밖에서 머뭇거렸습니다. 한참을 망설이다 소녀는 겨우 용기를 내어 문을 두드렸습니다. 그런데 대문이 저절로 열리는 것이 아니겠습니까. 도둑이 들어왔는지도 모른다는 생각에 소녀는 곧장 안으로 뛰어들어가 어머니의 침실로 갔습니다. 어머니는 주무시고 계셨습니다.

"엄마, 저예요. 제가 돌아왔어요."

깜짝 놀라 잠에서 깨어난 어머니는 자신의 눈을 의심했습니다. 어머니와 딸은 서로를 부둥켜안았습니다.

"문이 열려 있어 도둑이 들어온 줄 알았어요!"

딸이 말했습니다. 그러자 어머니는 미소를 지으며 조용히 말했습니다.

"네가 집을 나간 날부터 지금까지 한 번도 대문을 잠그지 않았단다."

부모는 늘 자식을 생각합니다. 그러나 자식은 부모의 마음을 헤아리기가 어렵지요. 자신의 모든 것을 주어도 더 내어주려는 것이 부모의 마음입니다. 이 세상에 부모의 사랑만큼 위대한 것도 없습니다. 그리고 따뜻한 가족만큼 좋은 것도 없지요. 가족은 정말 특별한 관계입니다. 서로 조금씩 닮아 있으면서도 서로 조금씩 다른 사람들이 모여 하나의 가족이 되었다는 것은 큰 축복이자 행복입니다.

우리는 오히려 남을 대하는 데는 친절하고 다정하면서도 자신의 가족을 대할 때만큼은 불성실하고 불친절합니다. 그러나 누구보다도 서로 사랑하며 지내야 하는 관계가 바로 가족입니다. 부모의 사랑과 은혜를 절대 외면하지 말도록 해야겠습니다.

아버지의
침묵

베트남 전쟁에서 한쪽 팔을 잃은 한 병사가 고향역에 내렸습니다. 그러자 하얀 머리의 자그마한 여인과 덩치 큰 남자가 그에게 달려왔습니다. 그 병사의 부모님이었습니다.

아들을 껴안은 어머니는 한없이 눈물을 흘렸습니다. 그러나 아버지는 무뚝뚝하게 "살아서 돌아오니 다행이구나"라고 한마디를 했을 뿐, 더 이상 말이 없었습니다.

집에 도착하자 아들은 부엌에서 어머니와 대화를 나누었습니다.

"어머니, 아버지는 내 모습에 실망하셨나 봐요. 엄마도 보셨지요. 역에서 아버지가 저를 어떻게 대하셨는지. 남들처럼 목메어 하시지 않았다구요. 아버지는 제가 장군이 되어 귀환하기를 바랐나봐요."

어머니가 말했습니다.

"얘야, 아버지는 너를 많이 사랑하신단다. 그걸 알아야 해."

"그러면 왜 저렇게 아무 말씀도 없으시죠?"

"그러지 말고 집 안을 한 번 돌아보렴. 네 아버지는 네가 생활하는 데 불편이 없도록 모든 걸 준비해놓았단다."

아들이 부엌을 나가자 어머니는 뒷문으로 나가 차고로 가보았습니다. 짐작했던 대로 기도하고 있는 남편의 모습이 열려 있는 차고의 문을 통해 보였습니다.

"아들이 무사히 돌아오게 해주셔서 감사합니다."

기도를 마친 아버지가 일어나는 것을 보고 어머니는 다시 부엌으로 돌아왔습니다. 그때 아들이 말했습니다.

"제 방이 정말 멋지네요. 아버지는 어디 계시죠?"

"뭐, 어디서 집안일 하느라 안 보이시는 거겠지."

어머니는 모른 척 말했습니다.

동서양을 막론하고 아버지는 좀처럼 속을 드러내 보이지 않습니다. 그러나 그런 말 없는 무뚝뚝한 태도 속에 말로 표현할 수 없는 사랑이 들어 있습니다.

PART 2

가족이
—
희망이다

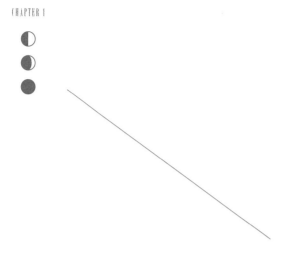

절망 속에서 찾은 빛

일본에서 있었던 일입니다.

슬픔에 찬 한 어머니가 말없이 눈물을 흘리며 병원 대기실 의자에 앉아 있었습니다. 그녀의 외동딸이 그만 병으로 세상을 떠났기 때문입니다. 간호사가 무슨 말을 해도 어머니는 그저 멍하니 앞만 바라보고 있었습니다. 간호사는 위로의 말 끝에 무심코 말했습니다.

"마우라 부인, 혹시 저기 남루한 차림의 작은 아이 아세요? 저 앞 복도에 있는 아이요."

"모르겠는데요."

"저 아이의 엄마가 일주일 전에 의식불명이 되어 이곳으로 왔죠. 그런데 돌봐줄 가족이 아무도 없답니다. 이곳에는 아는 사람도 없구요. 그래서 저렇게 엄마가 깨어나기를 기다려왔지요."

마우라 부인은 진지하게 듣고 있었습니다. 간호사는 계속 이야기를 했습니다.

"그런데 십오 분 전에 엄마가 죽었어요. 이제 고아가된 저 아이에게 엄마가 죽었다고 말해주어야 하는데……."

간호사는 말을 멈추었다가 다시 말했습니다.

"마우라 부인, 저는 차마…… 차마 말을 할 수가 없어서 그러는데, 저 대신 이야기를 해주실 수 없을까요?"

그 다음에 일어난 일은 간호사가 일생에 결코 잊을 수 없는 일이었습니다.

망연히 앉아 있던 마우라 부인은 자리에서 일어나 눈물을 닦더니 그 아이에게 다가갔습니다. 그리고 그 아이의 손을 잡고 자신의 집으로 데려갔습니다. 절망의 어둠 속에 있던 두 사람이 만나 서로에게 빛이 되어주었던 것입니다.

절망과 슬픔으로 가득 찬 세상은 미래에 대한 불안을 더해줍니다. 이런 세상에 우리에게 진정 위로와 희망을 주는 것은 무엇일까요? 부귀영화를 갖다줄 백마 탄 왕자가 아닙니다. 바로 희로애락을 함께하는 가족입니다. 단 한 번뿐인 인생에서 제일 먼저 해야할 일은 가족을 사랑하는 일입니다.

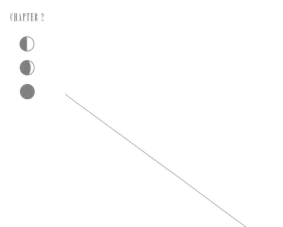

친구 같은
동생

어떤 자매의 이야기입니다.

어릴 적 자매는 자주 다투었습니다. 10대까지도 그러했습니다. 그러나 20대가 되면서부터는 싸우지 않았습니다.

자매는 요리와 뜨개질을 잘했습니다. 언니는 동생의 붉은 머리카락과 노란색 눈동자를, 동생은 언니의 금발과 파란 눈동자를 좋아했습니다. 특히 동생은 늘 언니가 영리하다며 부러워했지요.

결혼 후, 동생의 아이들은 대학을 졸업하고 사서가 되었습니다. 자매는 아무런 질투 없이 저마다 이루어놓은 일들을 축하해 주면서 인생을 더욱 발전시켜 나아갔습니다. 하지만 남들이 부러워하던 형제

애는 동생이 병으로 일찍 세상을 떠나면서 짧게 끝나고 말았지요. 동생은 암이었습니다. 수술로 완치는 되었지만 12년밖에 살지 못했습니다. 게다가 당뇨 증세도 있어서 심하게 고통을 받았습니다. 장기간의 병치레는 마침내 심부전증을 일으켰고, 그 결과 동생은 실명까지했습니다. 결국 동생은 45세라는 젊은 나이로 세상을 떠났습니다.

동생과의 사랑은 자손들에게도 이어졌습니다. 동생의 자녀들은 훌륭하게 자라나서 명절이 되면 언니의 아이들과 함께 지냅니다. 다른 가족과 별다른 게 없지만 이 가족애를 더욱 돈독히 해주는 것이 하나 있습니다. 그것은 동생의 아이들이 자기 어머니의 언니, 즉 이모를 어머니처럼 여긴다는 것입니다.

동생이 죽고 10년이 흘렀지만 언니는 여전히 동생 샤론이 좋아했던 멜론을 먹을 때마다 목이 메었습니다. 울지 않으려고 노력했지만 번번이 허사였지요. 요리법을 적은 카드를 넘기다가 동생이 손수 메모해놓은 것을 발견하면 가슴이 뛰곤 했습니다. 그리고 삶에서 아주 가끔 중요한 일이 발생할 때마다 언뜻언뜻 동생에게 전화해야겠다는 바보 같은 생각을 하곤 했습니다. 동생은 언니의 허전한 마음을 채워주는 세상에 둘도 없는 친구였답니다. 언니는 외롭지 않았습니다. 왜냐하면 동생이 여전히 마음속에 살아 있었으니까요.

이 각박한 세상에서 피를 나눈 형제자매만큼 소중한 사람이 또 어디 있겠습니까? 작은 이해관계에 얽매어 그보다 더 소중한 것을 잃는 어리석은 행위는 하지 맙시다. 형제자매 지간에 의좋게 지내는 것 역시 반드시 해야 할 일입니다.

동생은 언니의 허전한 마음을 채워주는 세상에 둘도 없는 친구였습니다. 각박한
세상에서 피를 나눈 형제자매만큼 소중한 사람이 또 어디 있겠습니까? 작은 이해
관계에 얽매어 그보다 더 소중한 것을 잃는 어리석은 행위는 하지 맙시다.

PART 3

메마른

세상에

——

우정이

있기에

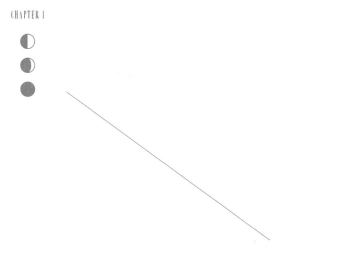

짐의
우정

베네수엘라에서 있었던 일입니다.

교실이 하나뿐인 산골의 한 학교가 있었습니다. 그 학교는 부랑아를 감시하고 교육하는 특수 학교였습니다. 따라서 조금만 잘못하면 가차 없이 무서운 형벌이 내려졌습니다.

어느 날 한 학생의 도시락이 없어졌습니다. 그런데 그것은 그날만 있었던 일이 아니고 주기적으로 벌어지는 일이었습니다. 교사는 무언가 과감한 조치를 내릴 필요를 느꼈습니다.

점심시간이 끝나자 교사는 학생들을 소집했습니다. 교사의 무서운 위협과 추궁이 계속되자 한구석에서 흐느끼는 소리가 들렸습니다.

그는 다른 아이들보다 유난히 몸집이 작은 빌리였습니다. 그는 제대로 먹지 못해 야윌 대로 야윈 어린 소년이었습니다. 그의 가족은 산속에서 가장 가난했습니다.

"네가 젤리의 도시락을 가져갔지?"

"네, 선생님, 너무 배가 고파서요."

빌리가 눈물을 흘리며 고백했습니다.

"이유가 무엇이건 넌 도둑질을 했다. 도둑질을 하면 벌을 받는다는 것을 알지?"

교사는 벽에 걸려 있던 가죽채찍을 내려 거머쥐고는 벌벌 떨고 있는 빌리에게 앞으로 나와 셔츠를 벗으라고 명령했습니다. 아이의 낡은 셔츠는 그나마 있어야 할 단추도 없이 핀으로 여며져 있었습니다. 아이가 옷을 벗자 앙상한 몰골이 그대로 드러났습니다. 어찌나 야위었는지 갈비뼈를 하나하나 셀 수 있을 정도였습니다. 교사가 가죽채찍을 위로 높이 치켜올렸습니다.

그때 "잠깐만요. 선생님!" 하는 목쉰 외침이 교실 뒤쪽에서 들려왔습니다. 짐이었습니다. 그는 책상 사이로 걸어나오면서 셔츠를 벗었습니다. 그리고 교사의 눈을 똑바로 쳐다보고 말했습니다.

"제가 대신 벌을 받겠습니다."

교사는 멈칫거렸습니다. 그러나 반드시 정의를 보여주어야 한다고 생각하여 가죽채찍을 내리쳤습니다. 힘세고 덩치가 큰 소년도 움찔거리며 고통으로 눈물을 흘렸습니다.

그 후, 빌리는 짐의 고마운 마음을 결코 잊지 않았습니다.

정이 메말라가는 세상에 무엇보다도 소중한 것은 우정입니다. 좋은 우정은 삶의 활력소가 됩니다. 우정을 간직하는 일 역시 단 한 번뿐인 인생에서 해야 할 일입니다.

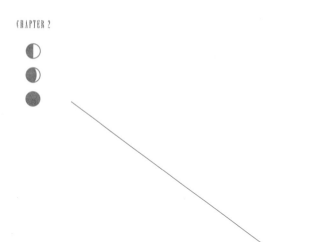

CHAPTER 2

까까머리
우정

캘리포니아의 오션사이드에서 생긴 일입니다. 레이크초등학교의 알터 선생님이 가르치는 학급에서는 누가 항암치료를 받고 있는지 알 수 없었습니다. 같은 반의 모든 아이들이 까까머리였으니까요. 병을 앓고 있는 아이가 외톨이라고 느끼지 않도록 친구들이 모두 머리를 밀어버린 것입니다. 그것은 열 살짜리 카일 한슬럭의 제안으로 이루어졌습니다.

"우리 모두 머리를 민다면 사람들은 누가 항암치료를 받고 있는지 모를 거야."

그 반의 아이언 오고는 림프종이라는 병을 앓고 있었습니다. 의사

206

들은 아이언의 소장에서 악성종양을 제거하고 약물요법으로 치료를 시작했습니다. 아이언은 머리가 빠지기 전에 완전히 밀어버렸습니다. 그러자 친구들이 이에 동참한 것입니다.

"아이언이 진짜로 괴로워하는 것은 자기만 남의 눈에 띄어 놀림을 당하는 것이었어요. 우리는 아이언이 그런 일을 당하지 않기를 바라는 것뿐이에요."

카일 한슬럭이 말했습니다.

이 사실을 알게 된 알터 선생님도 이에 동참하여 머리를 깎았습니다.

"너희는 세상 사람들에게 아이들도 무엇인가를 할 수 있다는 것을 보여준 거야. 사람들은 아이들이 점점 나빠져간다고 하지만 너희들은 오히려 그 반대로구나."

알터 선생님은 감동에 겨워 눈물을 글썽이며 말했습니다.

진정한 친구가 된다는 것은 친구의 마음을 헤아려 그의 괴로움과 슬픔까지 나누는 것입니다.

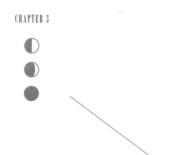

기도하는
손

헝가리의 알베르트는 친구 한 명과 같이 살았습니다. 두 사람은 미술공부를 하면서 아르바이트로 돈을 약간씩 벌었는데, 그걸로 생계를 유지하기란 너무나 벅찬 노릇이었습니다. 그렇다고 공부를 소홀히 할 수도 없었습니다.

그래서 알베르트가 제안을 했습니다. 친구가 공부할 때는 자신이 돈을 벌고, 친구가 공부를 마치면 자신이 공부할 수 있도록 지원하자는 것이었습니다. 친구는 기꺼이 찬성하고 자신이 먼저 일을 하겠다고 고집을 부렸습니다.

계획은 실행되었고, 머지않아 알베르트는 소기의 목적을 이루어 유명한 화가이자 조각가가 되었습니다. 알베르트는 친구에게 약속대로 생계를 책임지겠으니 미술공부를 다시 시작하라고 말했습니다. 그러나 친구의 손은 힘든 노동으로 많이 상해버려 더 이상 붓을 잡고 그림을 그릴 수가 없었습니다. 예술가로서 삶은 끝난 것이었습니다. 알베르트는 친구의 절망이 몹시 슬펐습니다.

그러던 어느 날 알베르트는 친구의 방 앞을 지나다가 문틈으로 경건히 기도를 올리고 있는 그의 손을 보게 되었습니다. 순간 알베르트는 그의 손을 그리기로 마음먹었습니다. 그의 잃어버린 감각을 되찾아줄 수는 없지만 친구의 손을 화폭에 옮김으로써 그의 희생에 대한 존경과 사랑을 표현하려고 했던 것입니다. 또한 다른 사람들도 이 그림을 보면 누군가의 희생과 나눔에 감사하는 마음이 떠오를 거라고 생각했습니다.

친구에 대한 진정한 사랑은 친구를 살릴 수 있습니다. 그리고 친구에 대한 사랑만큼 소중한 것은 없습니다.

PART 4

세상을

변화시키는

———

진정한 힘

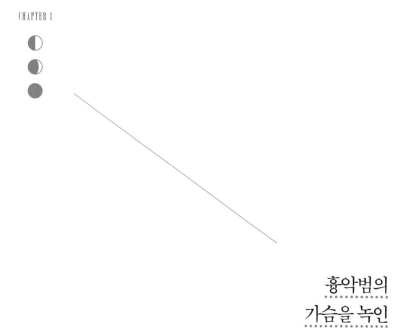

CHAPTER 1

흉악범의
가슴을 녹인
사랑

일본의 최고 흉악범들만 모아놓은 한 교도소에서 생긴 일입니다.

간조는 그 교도소 소장으로 임명을 받아 부임했습니다. 그 교도소
는 어떤 교도소와도 비교되지 않을 정도로 무법천지였습니다. 그런
데 그런 교도소가 간조 소장이 은퇴할 때에는 가장 모범적인 교도소
로 변해 있었습니다. 그 교도소에 대해 아는 사람들은 이것이 모두 그
소장의 덕분이라고 말합니다. 그러나 간조 소장은 이렇게 말합니다.

"모두가 죽은 제 아내 덕분이지요. 그녀는 지금 교도소 담장 밖에
묻혀 있습니다."

211

소장의 부인 아야코는 소장의 부인이 되어 이곳에 왔을 무렵 아이 셋을 둔 엄마였습니다. 교도소 직원은 물론 주위 사람들은 아야코에게 그 교도소는 흉악범들만 있으니 교도소 안에는 한 발짝도 들여놓지 말라고 했습니다. 그러나 그녀는 그런 주의를 듣지 않았습니다.

아야코는 교도소에서 농구시합이 열리는 날 관중들과 함께 앉아서 구경을 했습니다. 시합을 구경하면서 그녀는 이렇게 생각했습니다.

'나와 내 남편이 이 사람들을 도와주면 그들이 우리를 보살펴 줄 거야. 걱정할 필요 없어.'

아야코는 그들과 친해지려고 노력했습니다. 그들의 과거 따위는 생각하지 않고 말입니다. 아야코는 한 살인범이 장님이라는 것을 알고 그를 찾아갔습니다. 그리고 그의 손을 잡고 물었습니다.

"점자를 읽을 줄 아세요?"

"점자가 뭐요?"

장님이 되물었습니다. 아야코는 그때부터 장님에게 점자 읽는 법을 가르치기 시작했습니다. 그로부터 몇 년 후 그 죄수는 점자로 글을 읽게 되었고, 아야코의 깊은 사랑과 헌신에 눈물을 흘렸습니다. 그녀는 또 교도소에 벙어리가 있다는 것을 알고는 그를 위해 수화를 배워서 그를 가르쳤습니다. 그러자 그 교도소에서는 그녀를 예수님이라 불렀습니다.

얼마 후 안타깝게도 그녀는 교통사고로 죽었습니다. 그녀가 죽은 다음 날 소장은 출근을 하지 않았습니다. 그러자 수감자들은 곧바로 뭔가 좋지 않은 일이 일어났음을 알았습니다.

다음 날, 아야코는 교도소에서 1마일 떨어진 그녀의 집에 안치되어 있었습니다. 부소장이 소장을 대신해서 순찰을 돌자 죄수들은 모두 슬픔에 잠긴 얼굴로 떼를 지어 정문에 모여들었습니다. 그들 중에 눈물을 흘리는 죄수도 있었습니다. 부소장은 죄수들이 그녀를 대단히 사랑하고 있었다는 것을 알았습니다. 그는 죄수들을 향해 이렇게 말했습니다.

"그래, 좋다. 나가라. 단, 오늘 밤에 돌아와야 한다."

육중한 교도소의 문이 열렸습니다. 감시하는 교도관도 없이 그들은 아야코에게 경의를 표하기 위해 아야코의 집으로 갔습니다. 그리고 모든 죄수들은 그날 밤 다시 교도소로 돌아왔습니다. 한 사람도 남김없이.

절망을 넘어 희망을 바라보게 하는 것은 어떤 권력이나 지식이 아닙니다. 이해관계를 초월한 사랑입니다. 사랑만이 희망의 빛이 되는 것입니다.

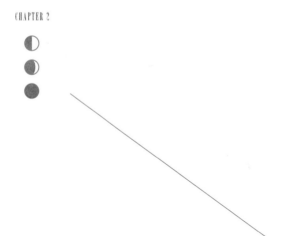

이웃을
생각하는
마음

옛날 아일랜드에 한 왕이 있었습니다. 그런데 그에게는 왕위를 물려줄 후계자가 없었습니다. 왕은 고민하다가 전국 방방곡곡에 방을 붙이게 했습니다. 자질 있는 모든 젊은이는 왕이 될 수 있으며 왕과 면담할 수 있다는 내용이었습니다. 단, 지원자는 백성을 사랑하는 마음이 있어야 한다는 조건이 달려 있었습니다.

이 이야기의 주인공인 젊은이는 자신이 백성을 사랑하고 있으므로 한번 도전해보고 싶었습니다. 그러나 한 가지 마음에 걸리는 것이 있었으니 워낙 가난해서 왕을 뵈러 갈 옷이 없다는 것이었습니다. 그래서 일부는 빌리기로 하고 또, 막일을 해서 적당한 옷을 장만했습니다. 옷이 갖추어지자 그는 길을 떠났습니다. 그런데 가는 도중에 남루한 옷을 입은 거지와 마주쳤습니다. 거지는 다 떨어진 옷을 걸친 채 그에게 사정을 했습니다.

"제발 좀 도와주십시오. 배가 고파 죽겠습니다."

그는 거지의 처지를 불쌍히 여겨 자신이 입고 있던 옷을 벗어주고, 주머니에 있던 몇 푼의 돈마저 모두 주었습니다. 그는 남루한 옷으로 인해서 망설여졌지만 그대로 왕궁으로 향했습니다. 그가 궁궐에 도착하자 왕이 웅장한 거실에 앉아 그를 맞이했습니다. 그는 감히 왕의 얼굴을 바라보지도 못한 채 머리를 조아려 경의를 표했습니다. 왕이 말했습니다.

"먼 길을 오느라 수고했네. 젊은이는 고개를 들고 나를 보게!"

그가 고개를 들었을 때 도저히 믿기지 않는 일이 벌어졌습니다. 그는 너무 놀라 쓰러질 뻔했습니다.

"아니, 당신은 며칠 전의 그 거지가 아닙니까?"

"그렇네. 놀랐는가?"

왕은 미소를 띠고 말했습니다.

"그럼 어떻게……?"

젊은이는 겨우 정신을 차리고 더듬거리며 물었습니다.

"내가 거지로 변장을 한 것은 왕이 되겠다는 사람이 정말로 백성, 특히 불쌍한 사람들을 사랑하는가를 알아보기 위해서였네."

왕이 계속해서 말했습니다.

"내가 지금처럼 왕의 모습으로 자네를 만났으면 자네가 백성을 진정으로 사랑하는지를 알 수 없었겠지. 그래서 머리를 쓴 거였네. 이제 자네가 백성을 사랑하는지를 확실히 알았으니 내 후계자가 되어주게. 이제 이 왕궁의 주인은 자네일세."

우리는 언제 어떠한 기회를 만나게 될지 모릅니다. 그러니 늘 진실된 마음을 진심으로 표현하며 살아야 합니다. 이야기 속의 주인공도 늘 이웃을 돕고 봉사하는 마음으로 살아왔기에 나라를 이끄는 왕의 자리를 얻을 수 있었던 것입니다. 또한 불쌍한 이웃을 외면하지 않고 도우려는 마음이 우리 주위에 넘칠 때 우리 사회는 각박함에서 벗어나 한층 더 밝아지고 아름다워질 것입니다.

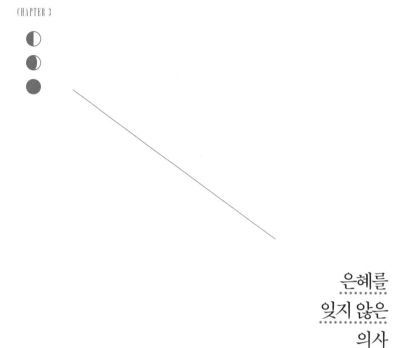

은혜를
잊지 않은
의사

유명한 외과의사 캐리 박사는 진실하고 성실한 사람이었습니다. 의과대학에 재학 중이던 시절, 여름방학에 학비를 벌려고 책을 팔기 위해 전국을 돌아다니다가 목이 말라 어느 목장에 들렀는데 한 소녀가 나왔습니다.

물 한 잔만 달라고 하자 그 소녀는 예쁜 목소리로 "물보다 우유를 한잔 드릴게요"라고 말하고는 새로 짠 신선한 우유를 주었습니다. 덕분에 캐리는 갈증을 면한 것은 물론 떨어진 체력도 어느 정도 회복할 수 있었습니다.

그로부터 여러 해가 흘렀습니다. 캐리는 의과대학을 졸업한 후 박사학위를 받고 존스홉킨스 병원의 외과과장이 되었습니다.

하루는 몹시 아픈 환자가 실려왔습니다. 수술이 필요한 환자였습니다. 노련한 캐리 박사는 즉시 최선을 다하여 수술에 임했습니다. 수술 후 환자는 빠른 속도로 회복을 했습니다.

퇴원 날이 다가왔습니다. 그 환자는 몹시 기뻤지만 병원비를 생각하니 걱정이 되었습니다. 청구서를 달라고 하자 간호사가 상세히 기록한 청구서를 가져왔습니다.

그녀는 무거운 마음으로 청구서에 적힌 항목들을 읽어내려가다가 한숨을 내쉬었습니다. 그런데 조금 더 읽다가 청구서 제일 하단에 적힌 메모를 발견했습니다.

"병원비는 한 잔의 우유로 모두 지불되었음!"

그 밑에는 캐리 박사의 사인이 있었습니다.

은혜를 잊지 않으려는 사람만큼 멋진 사람은 없습니다. 우리 모두 은혜를 잊지 않는 사람이 됩시다.

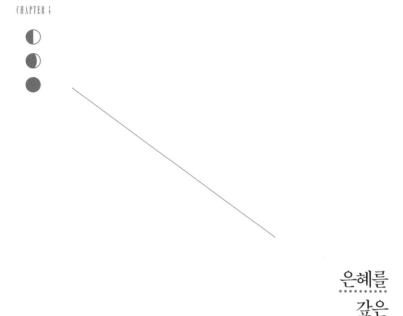

은혜를
갚은
장수

중국 초나라 장왕(莊王) 때의 일입니다.

장왕이 여러 신하와 함께 잔치를 벌였습니다. 술자리가 한창 무르
익었을 때 바람이 불어와 등불이 꺼져버렸습니다. 그때 한 신하가 시
중을 들던 미녀를 끌어안았습니다. 왕의 사랑을 독차지하고 있던 그
미녀는 그 신하의 갓끈을 떼어 손에 쥐고는 왕에게 말했습니다.

"전하, 등불이 꺼지자 첩을 희롱하는 이가 있어 첩이 그의 갓끈을
떼어 가지고 있습니다. 어서 불을 밝히시고 갓끈이 없는 자를 찾아 벌
하여 주옵소서."

왕이 대답했습니다.

"남에게 술을 먹여서 예를 잃도록 한 책임은 그대에게도 있소. 그런데 어찌 한 번의 실수로 선비를 욕되게 하라는 것이오?"

왕은 이어서 말했습니다.

"지금 갓끈을 떼지 않는 자는 나와 함께 술을 마시는 것이 즐겁지 않다는 뜻을 가진 것으로 알겠소."

그러자 신하들은 모두 갓끈을 떼어버렸고, 그제야 왕은 다시 불을 켜도록 했으며 잔치는 계속 이어졌습니다.

2년 후, 초나라에 큰 전쟁이 벌어졌는데 한 신하가 자신의 목숨을 돌보지 않고 앞장서서 싸워 초나라는 대승을 거두었습니다. 장왕은 그 신하를 불러서 물었습니다.

"과인은 그대에게 남달리 잘해준 것도 없는데 어찌하여 죽음을 무릅쓰고 싸웠는고?"

"예, 지난날 술자리에서 신이 예의를 잃고 죽을죄를 저질렀으나 전하께서는 신의 죄를 덮어주셨습니다. 남모르게 죄를 덮어주신 고마움을 세상이 다 알도록 하고 싶었습니다."

남모르게 덕을 베풀더라도 언젠가는 밝혀져 반드시 보답이 주어진다는 것은 이를 두고 하는 말입니다.

남모르게 덕을 베풀더라도 언젠가는 밝혀져 반드시 보답이 주어집니다.

PART 5

사랑은

모든 것을

ㅡㅡㅡ

초월한다

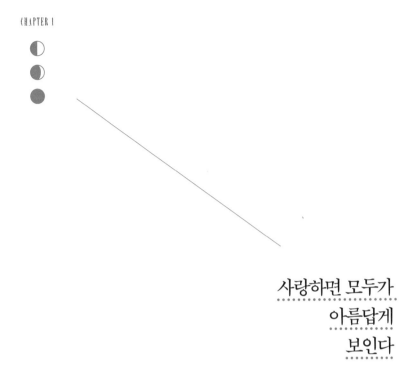

CHAPTER 1

사랑하면 모두가
아름답게
보인다

어느 병원에서 있었던 일입니다.

한 젊은 여자가 침대에 누워 있었습니다. 막 수술을 끝낸 그녀의 입술은 마비된 상태로 뒤틀려 약간 우습팡스럽기까지 했습니다. 입술 근육과 이어져 있는 안면신경의 작은 줄기 하나가 수술로 절단되었기 때문이지요.

"저는 계속 이런 상태로 지내야 하나요?"

그녀는 울상이 되어 자신을 수술해준 의사에게 물었습니다.

"네, 정말 미안합니다. 최선을 다했지만 종양을 제거하기 위해서 어쩔 수 없이 입술 신경의 일부를 절단했습니다."

그때 옆에 있던 남편이 웃으며 말했습니다.

"여보, 내가 보기에는 입술이 더 귀여워졌는데 뭘 그래."

그는 옆에 다른 사람들이 있다는 것을 개의치 않고 허리를 굽혀 그녀의 입술에 자신의 입술을 맞췄습니다. 그는 여전히 입맞춤을 할 수 있다는 것을 보여주려고 했던 것입니다.

아내의 절망과 상처를 사랑으로 보듬어준 남편의 행동이 너무나 아름답습니다. 참된 사랑이란 이처럼 상대방을 존중하고 아껴주는 사려 깊은 행위입니다. 아내의 아픔과 불안함을 편안하게 바꾸어주고, 처음 겪는 자신의 신체적 두려움을 쉽게 떨쳐버릴 수 있도록 도와주는 것입니다. 단 한 번뿐인 인생에서 부부간의 사랑만큼 아름답고 숭고한 일은 없습니다. 오늘 하루 당신의 옆에 있는 배우자에게 작은 사랑을 베풀어 보세요. 하나씩 하다 보면 더 큰 사랑이 마음속에 자라납니다.

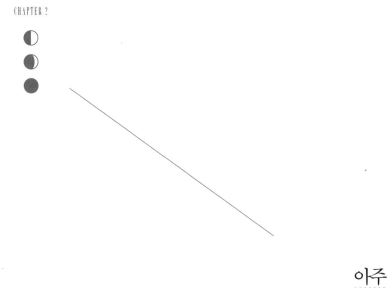

아주
특별한
선물

독일의 유명한 작곡가 멘델스존의 할아버지 모제스 멘델스존은 곱 사등이였습니다.

어느 날, 그는 함부르크에 있는 한 상인을 방문했습니다. 그 상인에 게는 푸름트예라는 예쁜 딸이 있었는데 모제스는 그녀를 흠모하고 있었습니다. 그러나 자신의 흉한 모습 때문에 그녀에게 접근하지 못 했습니다. 그러다가 그 집을 떠나기로 한 전날, 그는 한마디라도 말을 건네보려고 용기를 내어 그녀에게로 갔습니다. 하지만 막상 아름다 운 그녀 앞에 서자 그만 할 말을 잃고 말았습니다. 한참을 우물쭈물하다가 그는 어렵게 말을 꺼냈습니다.

"당신은 하나님께서 사내아이가 태어날 때마다 그 아이와 결혼할 여자아이를 정해준다는 말을 믿나요?"

"예, 저는 믿어요. 당신은요?"

푸름트예가 수줍게 되물었습니다.

"저도 마찬가지입니다. 그래서 저 또한 나의 신부가 될 여자를 지정받았지요. 하느님께서는 제 신부는 곱사등이가 될 것이라고 말씀하셨습니다. 그래서 제가 간청했지요. '하느님, 차라리 제가 곱사등이가 되겠습니다. 대신 나의 신부는 아름다운 여자가 되게 해주십시오'라고 말입니다."

말을 마친 모제스는 그녀의 대답을 기다렸습니다. 그녀는 잠시 깊은 생각에 빠진 듯 보였습니다. 그러다가 마침내 그의 손을 붙잡고 말했습니다.

"하느님의 뜻에 따르도록 하겠습니다."

그녀는 모제스와 결혼하여 헌신적인 아내가 되었습니다.

사랑은 모든 것을 덮어주며, 모든 것을 믿으며, 모든 것을 바라며, 모든 것을 견딥니다.

사랑의
상처

한 소년이 할머니와 둘이서 살고 있었습니다.

어느 날 오두막에 불이 나자 할머니는 소년을 구하려고 급히 불속으로 뛰어들었다가 연기에 질식해서 그만 죽고 말았습니다. 소년은 2층에서 살려달라는 비명을 질렀지만 불길이 워낙 거세어 누구도 선뜻 손을 쓸 수가 없었습니다.

그때였습니다. 한 남자가 사람들 사이에서 뛰어나와 오두막 뒤쪽으로 달려갔습니다. 그는 뒤쪽의 쇠파이프가 오두막 2층까지 연결된 것을 보고, 쇠파이프를 타고 올라갔습니다. 사람들은 여전히 밖에서 발만 동동 구르고 있었습니다. 조금 지나자 그는 아이를 자신의 목에 매달리게 하고는 쇠파이프를 타고 내려왔지요.

몇 주 뒤 고아가 된 그 소년을 누가 돌볼 것인가를 놓고 마을회관에서 회의가 열렸습니다. 그 아이를 돌보기를 원하는 사람들은 누구나 제의할 수 있었습니다.

첫 번째 사람이 말했습니다.

"우리 집은 큰 농장을 하기 때문에 일손이 필요합니다."

두 번째 사람은 자기 부부가 아이를 얼마나 잘 돌봐줄 수 있는가를 말했습니다.

"나는 교사입니다. 우리 집에는 커다란 서재가 있어요. 이 아이는 좋은 교육을 받을 수가 있어요."

여러 사람이 저마다 자신이 적임자라고 나섰고, 마지막으로 그 마을에서 가장 부자인 사람이 말했습니다.

"여러분들도 아시다시피 나는 부잡니다. 때문에 여러분이 말씀하신 모든 것을 이 아이에게 줄 수 있습니다. 내가 이 아이를 데려다 키우겠습니다."

"더 할 말이 있는 분 없으십니까?"

진행을 맡은 노인회장이 물었습니다.

그때 아무도 모르게 회의장으로 들어왔던 한 사람이 뒷좌석에서 일어나 앞쪽으로 나와 곧장 소년의 앞으로 걸어가서는 양 호주머니에 넣고 있던 두 손을 꺼내 보였습니다. 그러자 여기저기서 탄성이 터져나왔습니다. 그의 두 손은 화상으로 심하게 일그러져 있었습니다.

그 손을 본 소년은 그를 알아보고는 소리를 질렀습니다.

"아저씨, 보고 싶었어요. 왜 이제 오셨어요?"

그 사람은 바로 뜨거운 쇠파이프를 붙잡고 2층으로 올라가 소년을 구해준 장본인이었습니다.

이제 농부도, 선생도, 부자도 떠났습니다. 오직 소년과 그 낯선 사람만이 서로 부둥켜안고 있었지요.

화마와 같은 불길 속에서 생명을 구해준 희생만큼 더 큰 사랑이 있을까요? 돈과 교육도 물론 중요하지만 생명을 지켜준 것에 비하면 아무것도 아니지요. 이렇듯 참된 사랑은 대가와 희생이 따릅니다. 용기 있는 한 사람은 자신의 목숨을 잃을 수도 있는 상황에서 기꺼이 뛰어들어 생명을 구해냈습니다. 엄청난 고통과 상처 속에서도 말이지요.

얼마 전 한 오피스텔에 불이 났을 때 혼자만 살겠다고 뛰쳐나오는 사람들 속에서 묵묵히 집집마다 초인종을 눌러 사람들을 대피시키고 자신은 그만 목숨을 잃은 한 청년의 이야기가 떠오릅니다. 자신의 목숨을 희생하고 더 많은 목숨을 살려낸 청년을 통해 숭고한 사랑의 정신을 배웁니다.

사랑에 대한
시험

존이 어느 날 우연히 우체국 도서관에 들러 책을 한 권 읽었는데, 책의 여백에 적혀 있는 글이 주목을 끌었습니다. 홀리 메이어라는 여자의 이름도 함께 적혀 있었습니다. 존은 수소문 끝에 그녀가 뉴욕에 살고 있다는 것을 알아냈습니다. 그러나 그는 군인이었기 때문에 곧 전철을 타고 출발해야 했습니다. 하여 그는 그녀에게 편지를 보냈습니다. 그들은 13개월 동안 편지를 주고받으며 마음을 열고 교제를 했습니다. 그는 그녀에게 사진을 보내달라고 청했으나, 그녀는 자신을 마음 깊이 사랑한다면 외모는 중요하지 않을 것이라며 거절했습니다.

드디어 그들이 만나기로 한 날이 왔습니다. 뉴욕시의 그랜드 샌트

럴 역에서 그녀는 옷깃에 붉은 장미를 달고 나올 것이라고 알려 주었습니다.

한 아가씨가 내 쪽으로 오고 있었습니다. 아름답고 화사했지요. 금발머리에 깊은 바다 같은 푸른 눈을 가졌는데, 옅은 연둣빛의 옷을 입고 있더군요. 마치 봄이 살포시 다가오는 것 같았습니다. 나는 그녀가 장미를 달았는지 확인도 하지 않고 가까이 다가갔습니다. 그러나 그녀는 나를 만나러 온 여자가 아니었습니다. 나를 만나려고 한 사람은 그 아가씨 뒤에 서 있던 반백의 여인이었습니다. 그녀는 갈색 외투에 붉은 장미를 달고 있었어요. 다소 실망스러웠지만 나는 나를 사로잡은 영혼의 여인을 간절히 바라고 있었기 때문에 그녀에게 다가갔습니다. 그리고 약속대로 나를 알리는 표시의 푸른 가죽 표지의 책을 보여주었습니다. 나는 마음속에서 솟아오르는 실망감을 억누르면서 나를 소개했습니다.

"제가 존입니다. 당신이 홀리 메이어지요? 정말 반갑습니다. 제가 오늘 저녁을 대접해도 되겠습니까?"

그러자 그 여인이 가볍게 웃으며 말했습니다.

"무슨 영문인지 모르겠네요. 방금 지나간 연둣빛 옷을 입은 아가씨가 이 장미를 주면서 들고 있다가 만일 당신이 저녁을 먹자고 하거든 자기가 길 건너편 레스토랑에서 기다리고 있다고 전해달라고 했습니다. 그러고는 이건 사랑의 시험이라고 하더군요."

멋지고 좋은 여성을 만나려면 자신이 먼저 멋진 남성이 되어야 합니다.

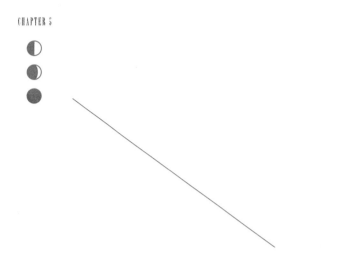

소중한
아내

한 의사에게 정신질환을 앓고 있는 아내가 있었습니다. 그의 동료나 직속상관인 과장은 정신병원에 입원시키는 것이 좋겠다고 권유했습니다. 그는 너무나 충격을 받았고, 그 사실을 어떻게 받아들여야 할지 몰랐습니다.

아내에 대한 사랑이 지극한 그는 아내를 병원에 입원시키는 것보다 다른 방법을 찾고 싶었으나 어떻게 해야 할지 몰랐습니다. 그래서 곰곰이 생각한 끝에 자신의 사랑으로 고치겠다고 다짐했습니다. 그는 직장에 근무하는 날을 빼고는 최대한 아내의 옆에서 함께 생활하면서 지성으로 보살폈습니다.

그러던 어느 날 밤, 아내와 대화를 하고 있던 중에 전화벨이 울렸습니다. 상의할 일이 있어서 그러니 병원으로 나와줄 수 없겠느냐는 과장의 전화였습니다. 내용을 들은 아내는 그가 병원으로 가면 그날 밤에는 돌아오지 않을 것 같아서 화가 났습니다. 그러나 그녀는 일어나 잠옷으로 갈아입으며 졸립다고 했습니다. 남편의 마음을 편하게 해주기 위해서였습니다. 그 광경을 보고 있던 남편은 과장에게 전화를 걸어 말했습니다.

"과장님, 급한 환자의 일이 아니라면 내일로 좀 미루어주시면 감사하겠습니다. 저는 지금 아내와 매우 중요한 시간을 보내고 있거든요. 우리 부부에게는 매우 심각한 문제라서……."

그의 사정을 잘 아는 과장이 기꺼이 양해를 해준 것은 물론이었습니다. 그는 자신이 아내에게 얼마나 중요한 존재인가를 잘 알고 있었습니다.

그렇게 노력한 결과 아내는 차츰 안정을 되찾기 시작했고 병원에 가는 일이 필요 없게 되었습니다.

친밀함과 배려, 이것은 부부관계에서 무엇보다도 절대로 필요한 요소입니다. 이 요소로 인해서 부부관계는 물론 모든 인간관계가 아름답고 부드럽게 되지요.

PART 6

세상을

헤쳐나가는

마음

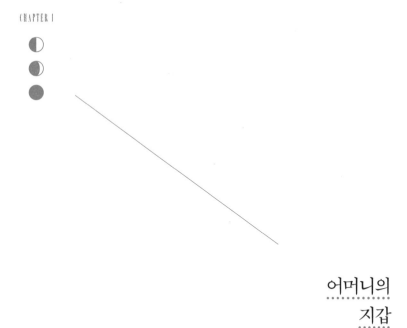

CHAPTER 1

어머니의
지갑

우리 어머니에게 사치와 낭비란 없었습니다. 예외가 있다면 그것은 레이스 장식이 달린 잠옷이었지요. 그러나 한 번도 입지 않으셨습니다.

"저 잠옷은 내가 병원에 입원하게 되면 입으려고 간직하고 있는 거란다. 하지만 난 아직 건강해."

그 후, 여러 해가 지나고 연로해진 어머니는 병을 앓게 되셨습니다. 환갑을 바로 앞둔 어느 겨울날, 그렇게 아끼던 잠옷을 싸들고 검사를 받기 위해 병원에 입원하셨습니다.

의사는 최종검사를 마친 뒤, 어머니가 사실 날이 몇 주밖에 남지 않았다고 알려주었습니다. 그 말을 어머니에게 해드려야 할지 고민하

235

다가 결국 말씀드리지 않기로 했습니다. 그 대신 어머니 환갑날에 가장 비싸고 아름다운 잠옷과 가운을 선물하기로 했습니다. 어머니가 병원에서 가장 아름답고 고상하다고 느낄 수 있도록 말입니다.

선물을 드리자 어머니는 한동안 아무 말씀도 하지 않습니다. 그러다가 잠시 후 입을 떼셨습니다.

"그건 별로 마음에 들지 않는구나."

어머니는 신문에 난 유명한 디자이너의 여름용 지갑을 가리켰습니다.

"난 이게 정말 갖고 싶구나."

평생을 검소하게 살아오신 어머니가 한겨울에 웬 비싼 여름용 지갑을 사달라고 하셨을까요? 어머니는 자신이 얼마나 살지를 알고 계셨습니다. 그래서 그 지갑을 사용하실 때까지 살 수 있기를 염원했던 것입니다. 그 지갑을 사다 드리자 어머니는 그것을 품에 안고는 얼굴 가득 아이와 같은 웃음을 머금었습니다.

어머닌 그 이듬해 여름까지 사시다가 낙엽이 떨어지기 시작한 어느 가을날에 운명하셨습니다. 의사의 진단보다 몇 배를 더 사신 것이지요.

우리의 운명도 생각하기 나름입니다. 긍정적으로 생각하면 그만큼 좋은 일만 생기는 것입니다. 매사에 긍정적으로 생각하고 포기하지 않는 것, 살아가면서 잊어서는 안 될 일입니다.

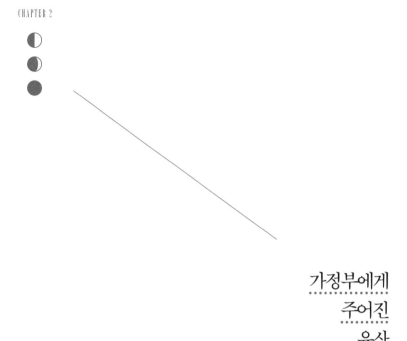

가정부에게
주어진
유산

미국에서 있었던 일입니다. 한 갑부에게 아들이 딱 하나 있었는데, 그 아들이 갓난아이일 때 그의 아내가 죽었습니다. 그래서 아들을 보살펴줄 가정부가 그 집에 들어오게 되었습니다. 그런데 그 아들마저 결혼도 하지 못하고 병으로 죽고 말았습니다. 아들이 죽자 마음 아파하던 갑부도 곧 뒤따라 죽었습니다. 갑부에게는 친척이 전혀 없었으므로 막대한 재산을 넘겨받을 사람이 한 명도 없었습니다. 게다가 유서조차 발견할 수 없어 주정부는 그의 재산을 국고로 넘기기로 하고 그의 저택과 소지품들을 경매에 붙이기로 했습니다.

한편, 갓난아이 때부터 갑부의 아들을 키워온 가정부도 이제는 나이가 들었습니다. 그러나 그 집에 들어가 일할 때와 마찬가지로 여전히 가난하게 살았습니다.

경매 소식을 들은 그녀는 돈은 없었지만 경매를 보러 갔습니다. 갖고 싶은 것이 꼭 하나 있었기 때문입니다. 가구라든가 비싼 양탄자 같은 것은 돈이 없어서 살 수 없고, 다만 벽에 걸려 있던 그 아들이 그린 그림만큼은 꼭 갖고 싶었습니다. 그녀는 자기가 돌보아온 그 아들을 사랑했습니다. 비록 피 한 방울도 섞이지 않았지만 그 소년이 아들 못지않았기 때문입니다.

소년의 그림에 대한 경매가 시작되었으나 아무도 사려고 나서지 않았습니다. 그래서 그녀는 아주 싼값에 그것을 살 수 있었습니다.

그림은 오랫동안 걸려 있었던 것이라 몹시 더러웠습니다. 그녀가 그림을 닦아내려고 액자의 뒤를 뜯어내자 무슨 서류가 방바닥에 후두둑 떨어졌습니다. 그녀는 그것을 변호사에게 갖다주었습니다. 변호사는 그것을 다 읽고 나서 말했습니다.

"그동안 어렵게 사시더니 이제 일이 잘 풀리는가 봅니다. 죽은 갑부가 이 그림을 살 만큼 자기 아들을 사랑하는 사람에게 자기 재산을 다주라는 유서를 남기셨군요."

마음이 착한 자에게 복이 있다는 성경의 말씀처럼 마음이 따뜻하니 이런 복이 왔나 봅니다. 우리 모두 마음이 따뜻한 사람이 됩시다. 따뜻한 마음을 갖는 일 역시 반드시 해야 할 일이지요.

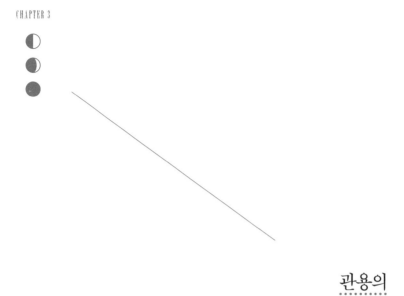

CHAPTER 3

관용의
힘

여름 캠프에 참가한 빌리가 어머니가 보내준 쿠키를 받았습니다. 빌리는 조금만 먹고 나머지는 침대 밑에 숨겨놓았습니다. 그런데 다음 날 점심을 먹고 돌아와 보니 쿠키가 없어졌습니다.

빌리는 인솔교사에게 그 말을 했습니다. 그런데 교사는 어떤 아이가 나무 뒤에 숨어서 쿠키를 먹는 것을 보았습니다. 그래서 빌리에게 말했습니다.

"자, 빌리, 나와 함께 네 쿠키를 훔친 소년을 바른 길로 인도해보지 않을래?"

어리둥절해진 빌리가 말했습니다.

239

"그 아이는 도둑질을 했으니 당연히 처벌을 받아야죠."

"그러면 그 아이가 나와 너를 미워하게 된단다. 그러니 그러지 말고 내 말대로 하자. 우선 엄마에게 전화해서 쿠키 한 상자를 더 보내달라고 하면 좋겠구나."

빌리는 교사의 말대로 엄마에게 전화를 걸었고, 엄마는 쿠키를 한 상자 다시 보내주었습니다. 교사는 빌리를 불러서 말했습니다.

"네 쿠키를 훔친 소년이 지금 저 호숫가에 있는데, 네가 거기 가서 쿠키를 나눠주지 않을래?"

그러자 빌리가 반문했습니다.

"그애는 도둑이잖아요?"

"그래, 그렇지만 내가 하라는 대로 하고 무슨 일이 일어나는지 보자꾸나."

반 시간쯤 지났을 때 두 아이는 어깨동무를 하고 내려왔습니다. 그들은 서로 화해한 것입니다. 그 소년은 쿠키를 훔쳤던 것을 사과하는 뜻으로 자기가 가지고 있던 잭나이프를 선물로 주려고 했고, 빌리는 쿠키가 비싼 게 아니라면서 그의 선물을 사양하고 있었습니다.

사람들은 상대방의 잘못을 감싸주려고 하기보다는 그것을 부각시켜서 매장하려고 합니다. 이런 사고방식으로 인해서 사회는 더욱 차가워지고 있습니다. 남의 잘못을 관대하게 용서해주는 마음, 인생에서 가져야 할 일입니다.

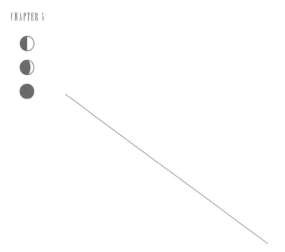

CHAPTER 4

동병상련

어떤 사람이 광고를 써붙였습니다.

'강아지 세일!'

강아지를 보러 온 사람들 중에 한 소년이 있었습니다.

"저, 아저씨. 강아지가 너무 비싸지 않으면 저도 한 마리 사고 싶거든요."

"글쎄다. 이 강아지들은 할인해서 백 달러란다."

"어쩌나, 나는 겨우 이십 달러밖에 없는데! 구경 좀 해도 될까요?"

"그래, 그거야 얼마든지 해라."

소년은 강아지를 쭉 훑어보더니 말했습니다.

"제가 알기로는 이 중에 다리를 잘 못 쓰는 강아지가 있다고 하던데요."

"그래, 있다."

"그 강아지를 저한테 싸게 주시지 않겠어요?"

"그렇지만 항상 신경을 많이 써야 할 텐데?"

소년은 싱긋 웃으면서 자신의 다리 한쪽을 걷어올리더니 거기에 부착되어 있는 조임쇠를 보여주었습니다.

"저도 잘 걷지 못해요. 그래서 그 강아지를 잘 보살펴줄 수 있을 거예요. 절름발이로 사는 것이 대단히 힘든 일이라는 것을 알거든요."

"그래? 그럼 가지고 가거라. 너라면 잘 보살필 것 같구나. 돈은 안 줘도 된다."

주인은 강아지를 안아서 소년에게 주었습니다. 돈 한 푼 안 받고 주면서도 기분이 좋은 표정이었습니다.

소년은 자신도 장애인이기 때문에 절름발이인 강아지의 사정을 이해할 수 있었던 것입니다.

당신의 이웃 중에 혹시 장애인이 있습니까? 그들을 사랑하고 돌보아 사회의 한 일원으로 살아갈 수 있도록 해주는 것, 우리가 해야 할 일이라고 생각합니다.

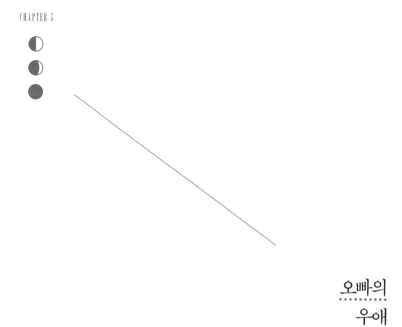

오빠의
우애

레논은 자기 오빠와 춤을 추게 된 동기를 들려주었습니다.

대학 2학년 때의 일이었어요. 대학 3학년인 오빠는 여학생들 사이
에 인기가 참 많았지요. 오빠 친구들 중에도 잘생긴 친구들이 많았고
요. 우리 집에 놀러 오면 나를 꼬맹이 동생이라고 부르곤 했어요. 나
는 오빠 친구나 오빠로부터 꼬맹이가 아니라 한 여성으로 대접받기
를 바라고 있었는데 말예요.

그러던 어느 날, 오빠는 학교에서 제일 인기가 많던 브라운이라는
여자친구와 댄스파티에 가기로 했어요. 그래서 턱시도를 빌리고, 꽃

도 사고, 친구들과 함께 리무진도 빌리고, 레스토랑 예약까지 다 했어요. 그런데 약속한 날 오후에 갑자기 브라운이 지독한 감기에 걸려 갈 수 없다고 연락을 해왔대요. 오빠는 파트너 없이 댄스파티에 가게 됐지요. 다른 여학생에게 말하기에는 시간이 없었어요.

오빠는 화를 낼 수도 있고, 자신을 불쌍하게 생각할 수도 있으며, 브라운을 욕할 수도 있었지요. 어쩌면 브라운이 댄스파티에 가기 싫으니까 거짓말하는 게 아닌가 하고 생각할 수도 있구요. 그런데 오빠는 화를 내거나 절망하지 않고 다른 사람에게 부탁하기로 한 것이지요. 그런데 그 사람이 바로 동생인 저였어요!

저는 뛸 듯이 기뻤지요. 그래서 온 집 안을 돌아다니며 파티에 갈 준비를 했어요. 그러나 오빠 친구들이 탄 리무진이 도착했을 때 갑자기 겁이 났어요. 오빠 친구들이 나를 어떻게 대할까 무서웠지요. 그런데 오빠가 내 팔짱을 끼고는 여왕 모시듯 차로 데려가는 거예요. 나에게 애처럼 행동해서는 안 된다는 주의의 말도 하지 않고, 친구들에게 브라운이 안 와서 할 수 없이 동생을 데려왔다는 말도 하지 않았어요. 다른 여학생들이 입은 드레스에 비해 내가 입은 드레스는 우아하지도 않고 어쩌면 촌스러웠는데도 오빠는 그런 것에는 전혀 신경을 쓰지 않았어요.

파티가 시작되자 저는 정신이 없었어요. 급기야 드레스에 음료수를 쏟는 실수도 했지요. 어쩔 줄 몰라 하고 있는데 오빠는 친구에게 나와 춤을 추도록 했어요. 내가 오빠의 친구와 춤을 추고 있는 사이 오빠는 친구의 파트너와 춤을 추었어요. 모든 사람들이 나에게 친절히 대해

주었는데, 그것은 오빠가 나를 자랑스러워했기 때문이지요. 그날은 내 생애 최고의 날이었어요.

이렇게 멋있고 친절한 오빠가 학교에서 최고의 인기를 얻는 것은 당연하다고 생각해요. 어느 오빠가 자기 여동생을 댄스파티에 데려가겠어요?

작은 말 한 마디가 섣달의 겨울을 따뜻하게 만든다는 일본 속담처럼 친절한 작은 말이나 행동이 인간관계에서 얼마나 중요한가를 깨닫게 해주는 이야기입니다.

PART 7

인생을

어떻게

———

살아야

할까?

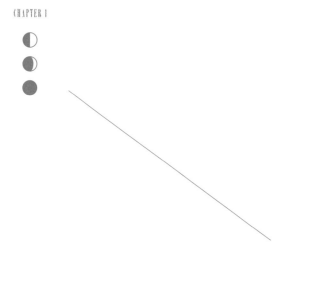

가족
사랑의
증표

열세 살 어린 나이에 어머니를 여의고 병든 아버지를 간호하면서 살아가는 소녀가 있었습니다. 소녀의 어머니도 일찍 병으로 돌아가시고 아버지마저 병으로 누워서 그녀에게 의지해 생활해야만 했던 것입니다. 장녀인 소녀는 아버지를 간호하랴, 두 동생을 보살피랴, 힘든 하루하루를 보내고 있었습니다.

소녀는 아침에 눈을 뜨자마자 시작해서 밤늦게까지 일을 해야 했습니다. 그러다 보니 손바닥이 갈라지고 몸도 야윌 대로 야위었습니다. 그렇게 얼마를 견디다가 너무 과로한 탓에 그만 병이 들어 눕게 되었습니다.

어느 날 옆집에 사는 아주머니가 소녀를 찾아왔습니다. 아주머니를 보자 소녀가 말했습니다.

"저는 죽으려나 봐요. 죽는 것은 무섭지 않은데 부끄러워요."

"네가 왜 부끄럽니?"

"엄마가 돌아가신 후 저는 너무 바빠서 하느님을 위해서도, 이웃을 위해서도 아무것도 못했어요. 그래서 천국에 가면 하느님께 드릴 말씀이 없어요."

그러자 아주머니는 소녀의 상처 난 손을 꼭 잡고 말했습니다.

"애야, 하느님에게 아무 말 하지 않아도 된다. 그냥 이 두 손을 보여 드리렴. 너는 매일 어린 동생과 부모님을 위해서 일해왔지 않았니. 그것이 곧 하느님을 위하는 일이란다. 하느님은 그것을 아신단다."

가정과 가족을 위해 최선을 다하는 삶, 그것이 곧 우리가 항상 잊지 말고 살아가야 하는 삶이 아닐지요?

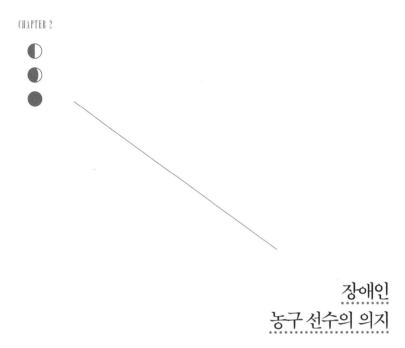

장애인
농구 선수의 의지

캐나다의 대학 농구선수인 트레이시는 '장애인'이라는 말을 싫어했습니다. 사실 그녀에게는 이 단어가 적절치 않습니다. 오른쪽 종아리의 절반을 절단하고 석 달 만에 농구 코트에 복귀한 그녀는 20분 동안 20득점을 올리고 열 개의 리바운드를 잡았으니 장애인이라는 말이 적합하지 않다는 것이 옳지요.

지난 시즌에 트레이시는 건강한 두 다리를 가진 185센티미터의 센터로서 11.2득점에 6.2리바운드를 했습니다. 그런데 1998년 3월, 농구 골대 밑에서 발을 헛디뎌 병원 신세를 지게 되었습니다. 그녀는 레이업슛을 시도하다가 오른쪽 발을 헛디뎠는데 그때 정강이뼈와 종아

리뼈가 부러졌습니다. 이때 그 소리가 어쩌나 컸던지 몇몇 선수들은 귀를 막고 돌아설 정도였습니다.

수술은 실패였습니다. 이후 5개월 동안 무려 아홉 번이나 수술을 받았으나 평생 동안 다리를 절거나 아니면 절단해야 할 선택에 직면했습니다.

1996년, 그녀는 무릎 아래 20센티미터 되는 곳에서 절단을 했습니다. 그리고 2주 반 만에 의족을 단 채로 퇴원했지요. 의사는 그녀가 예전처럼 운동하기는 어려울 것이라고 말했습니다. 그녀가 말했습니다.

"나는 의사가 하는 말을 웃음으로 받아넘겼어요. 나는 누구라도 내게 제한을 가하는 것을 허락할 수 없어요. 단지 정상생활로 돌아가기를 원했고, 농구는 그런 점에서 중요한 위치를 차지했지요. 내가 다시 경기를 시작할 수 있을지는 모르지만 노력은 계속할 것입니다."

그녀의 스텝은 느려졌고, 점프력도 예전 같지 않습니다. 하지만 페인트에서 두드러진 활약을 보여주며 팀에서 가장 슛을 잘하는 선수의 자리로 복귀했습니다.

"그녀는 놀라워요."

동료 선수들의 말입니다.

"경기장에 있는 그녀를 보면 늘 당연하다고 치부해버리는 일이 얼마나 그릇된 생각인지를 되새기게 돼요. 또 뜻을 정한 사람은 얼마든지 강해질 수 있다는 것도 알게 됐구요."

환경을 탓하지 않고 주어진 시간에 최선을 다하는 사람만이 멋진 인생을 살 수 있습니다.

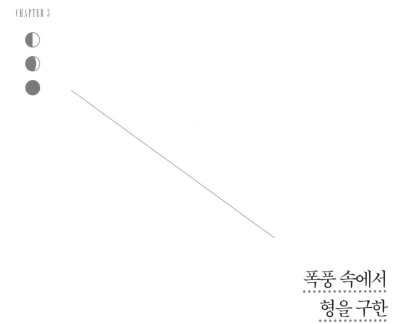

폭풍 속에서
형을 구한
존

몇 년 전, 뉴잉글랜드 지방을 강타한 폭풍우 속에서 배 한 척이 난파를 당했습니다. 그래서 많은 사람들이 구조작업을 벌였습니다. 이윽고 구명보트가 사나운 파도 속을 뚫고 생존자들을 싣고 돌아왔습니다. 그때 한 구조대원이 난파선 선장에게 큰 소리로 물었습니다.

"모두 구조되었습니까?"

"저쪽 끝에서 한 사람이 바다에 빠졌는데 배가 막 가라앉는 상황이어서 구조할 수 없었소. 그는 부서진 나뭇조각 같은 것을 붙잡고 있었소."

"그럼 빨리 그를 찾으러 가야죠."

존이 나섰습니다.

"존, 그것은 절대 안 된다. 사 년 전 네 아버지의 배가 가라앉아 익사하신 일을 잊었니? 또 네 형 월드도 어제 바다에 나가 아직 돌아오지 않았잖니? 존, 나에게는 너밖에 없단다. 제발 너마저 바다에 나가지는 말아다오."

존의 어머니가 달려나오며 애타게 말렸습니다. 하지만 존은 단호하게 말했습니다.

"나가야 합니다. 어머니! 한 생명이 죽어가고 있어요."

존과 선장은 자그마한 보트에 몸을 싣고 바다로 향했습니다. 하지만 바다 사정은 최악의 상태로 폭풍우는 여전히 사나웠습니다. 바다로 나가는 자식을 보고 있던 어머니는 상심해서 눈물을 흘렸습니다. 마지막 남은 자식마저 잃어버릴까 불안한 마음이 컸던 것입니다.

계속되는 비바람 속에서도 사람들은 존과 선장을 걱정하여 서너 시간 동안이나 자리를 뜨지 않았습니다. 그러면서 뭔가 나쁜 일이 일어날 것만 같은 예감을 애써 떨쳐내며 계속 울고 있는 어머니를 위로해주고 있었습니다. 어떤 사람은 꿈같은 기적이 일어나게 해달라고 기도를 했습니다. 그때 누군가 손가락으로 바다를 가리키며 소리쳤습니다.

"구명보트다! 어, 그런데 네 사람이 타고 있어!"

잠시 후, 파도에 흔들리는 배 위에서 존이 큰 소리로 외쳤습니다.

"그 사람을 찾았어요. 그리고 우리 어머니에게 말해주세요. 우리 형 월드도 찾았다고요."

조난당한 사람을 찾으러 갔다가 뜻밖에도 하루 전날 조업을 나가 역시 조난을 당했던 형도 함께 구한 것입니다. 위험하다고 해서 조난을 당한 사람을 구조하러 가지 않았더라면 형 월드도 구하지 못했을 것입니다.

'자라 보고 놀란 가슴 솥뚜껑 보고 놀란다'는 속담처럼 가족들이 같은 곳에서 위험한 일을 여러 차례 당하고 나면 트라우마가 생기게 되지요. 이야기 속의 어머니도 마찬가지였을 것입니다. 하나 남은 아들마저 잃지 않기 위해 아들을 설득하려 했지만 아들은 그럼에도 불구하고 자신이 생각한 일을 하고 말지요. 그러나 위험하다고 해서 도전하지 않았다면 그의 형마저 조난당한 채로 죽음에 이르렀을 겁니다. 좋은 일을 하는 것은 생각보다 쉽지 않지만, 일단 하고 나면 그에 따른 보상은 몇 배나 커져서 돌아오는 법입니다.

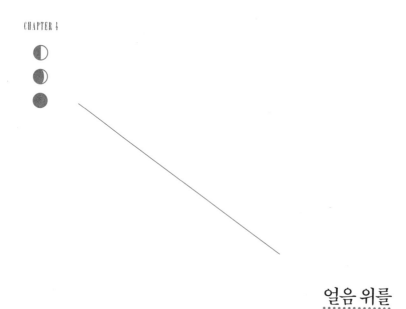

얼음 위를 기어간 여인

미국 건국 초기에 있었던 일입니다.

미네소타 주와 위스콘신 주의 경계에 있는 미시시피 강둑에 떠돌이 여인 한 명이 나타났습니다. 때는 겨울이어서 거대한 강의 표면은 얼음으로 덮여 있고, 다리도 보이지 않았습니다. 이 고장을 처음 방문한 그녀는 당황하며 어쩔 줄을 몰랐습니다.

'이 강을 어떻게 건너가지? 얼음이 내 몸무게를 견뎌낼 수 있을까?'

그녀는 망설였습니다. 그렇다고 다시 돌아갈 수는 없었습니다.

밤의 검은 그림자가 덮이기 시작하여 어둠과 추위가 점점 조여오고 있었습니다. 그녀에게는 강을 건너가는 것이 무엇보다도 중요한 일이었습니다. 그녀는 고민하다가 조심스럽게 얼음 위에 엎드려 엉금엉금 기어가기 시작했습니다. 그녀가 생각해낸 최대한 안전하게 건너가는 방법이었습니다. 속으로는 제발 아무 탈 없이 건너편에 도착하게 해달라고 끊임없이 기도를 했지요.

그렇게 강을 반쯤 건넜을 때, 큰 노랫소리와 함께 또각또각 하는 말발굽소리가 들려왔습니다. 이윽고 한 남자가 탄 마차가 무언가 잔뜩 짐을 싣고 나타났습니다. 남자는 마치 한 마리 애벌레처럼 기어가는 여인을 이상하다는 눈초리로 스쳐보더니 속도를 늦추지도 않고 여전히 노래를 부르며 건너가는 것이었습니다.

여인은 두 손과 무릎으로 기어가고 있는 자신이 갑자기 바보처럼 생각되어 창피했습니다. 그래서 아무 두려움 없이 일어서서 남은 길을 씩씩하게 걸어갔습니다.

마차는 어둠 속으로 사라지고 보이지 않았습니다.

우리는 살아가면서 아무것도 아닌 일에 걱정하며 고민할 때가 있습니다. 그때는 그 일이 아주 중요하다고 생각했는데 지나고 보면 하찮은 일로 고민을 했던 것입니다. 멀리 바라보는 지혜가 필요합니다.

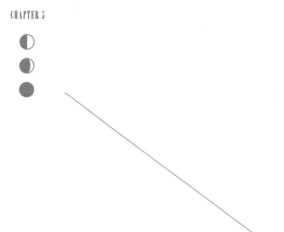

CHAPTER 5

레이건의
구두

미국의 전 대통령 로널드 레이건의 이야기입니다. 그는 10대 때 결단의 필요성을 배웠습니다.

어느 날 친척 아주머니 한 분이 그에게 신발을 선물해주려고 그를 데리고 제화점으로 갔습니다. 제화공이 그의 발 치수를 잰 다음 물었습니다.

"구두 끝을 둥글게 만들어줄까? 네모나게 만들어줄까?"

레이건은 쉽게 결정을 할 수가 없었습니다.

그러자 제화공은 "그럼 다음에 어떤 걸로 할지 말해주렴" 하고 레이건을 돌려보냈습니다.

며칠이 지나 제화공은 구두의 모양을 어떤 것으로 할지 정했느냐고 물었습니다. 레이건은 머뭇거리며 아직 결정하지 못했다고 말했지요.

"알았다. 그럼 내일 구두를 만들어놓을 테니 찾아가거라."

다음 날 레이건이 신발을 찾으러 가니 한 짝은 끝이 둥글게, 한 짝은 네모나게 만들어져 있었습니다. 훗날 레이건은 이 일을 떠올리며 말했습니다.

"그 신발을 보고 나는 큰 교훈을 얻었지요. 바로 스스로 결정하지 않으면 다른 누군가가 내 일을 대신 결정한다는 것입니다."

우리는 인생을 살아가면서 크고 작은 많은 결정을 해야 합니다. 혹은 양자 간에 선택을 하지 않으면 안 될 때도 있습니다. 그때는 현명하게, 그리고 신속하게 결정해야 합니다. 그렇지 않으면 타의에 의해서 결정을 당하게 됩니다.

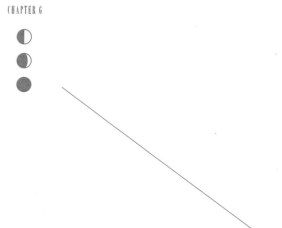

비틀스를
취재한
햇병아리 기자

어느 기자의 이야기입니다. 그의 이야기를 직접 들어보지요.

나는 유피아이(UPI)통신 기자로 유럽의 대도시에 주재한 적이 있었습니다. 그때 나는 경험이 부족한 소위 햇병아리 기자로서 윗분이나 경험 많은 남자 기자들로부터 기대에 미치지 못할까 늘 조바심하며 일했습니다.

비틀스가 내가 있는 도시에 오기로 한 날 놀랍게도 신참기자인 내가 그들을 취재하게 되었습니다. 나에게 취재를 명령한 부장이 그들이 얼마나 유명한지를 몰랐기 때문이었습니다.

비틀스는 그 당시 유럽에서 최고 인기 그룹이었습니다. 그들을 먼 발치에서 보기만 해도 수많은 소녀들이 기절해서 쓰러질 정도였습니다. 나는 그렇게 유명한 사람들을 취재해야만 했습니다.

기자회견은 흥미진진했습니다. 나는 내가 그곳에 있다는 사실만으로도 신이 났습니다. 그러나 인터뷰가 진행되면서 전부 다 아는 똑같은 이야기만 내보내고 있다는 사실을 깨달았습니다. 무언가 특색 있으면서 화려하게 지면을 장식할 기사가 필요했습니다. 경험 많은 기자들은 하나둘씩 기자회견장을 빠져나가고 있었습니다. 비틀스도 호텔방으로 돌아갔습니다. 나는 주어진 기회를 그냥 날려보낼 수 없었습니다. 무엇보다도 비틀스한테 가는 길을 알아야 했습니다. 그래서 호텔 로비로 가서 내부 전화로 최고급 귀빈실을 연결했습니다. 그들은 분명 그런 방에 머물 것으로 예상했던 것이지요. 비틀스의 매니저가 전화를 받았습니다.

"저는 유피아이의 피아젠스 기자입니다. 비틀스와 잠깐 이야기를 할 수 없을까요?"

나는 자신 있게 말했습니다. 그러자 그는 놀랍게도 올라오라고 했습니다. 마치 100만 달러짜리 복권에라도 당첨된 기분이었습니다. 곧 엘리베이터를 타고 호텔의 최고급 스위트홈으로 갔습니다. 그곳에는 비틀스 멤버 모두가 있었습니다. 심장이 뛰었습니다.

나는 그렇게 그들과 두 시간 동안 웃고, 듣고, 말하고, 쓰면서 최고로 즐거운 시간을 보냈습니다. 그들은 나를 정중히 대접했고, 내게 관심까지 보여주었습니다.

나의 취재기사는 그 다음 날 모든 유력 일간지에 톱기사로 실렸습니다.

"사람들은 자신의 현재 모습을 보고 환경을 탓한다. 그러나 출세한 사람들은 자신에게 필요한 환경을 찾는다."

영국의 극작가 조지 버나드의 말입니다.

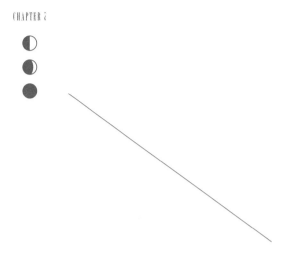

샘지기
노인을
해고한 결과

알프스 산맥의 동쪽 기슭, 오스트리아의 조용한 숲속 한 마을 원로회의에서 계곡 위쪽의 샘들을 청소하기 위하여 노인을 고용했습니다. 그 샘들은 마을에 여러 가지로 유용해서 나무들과 잔가지들을 치워내는 일이 필요했기 때문입니다.

수년간 노인은 샘물 위에 떠다니는 잔가지와 낙엽과 죽은 동물들, 그리고 더러운 쓰레기들을 제거하고, 맑은 물이 잘 흐르도록 수로를 깨끗이 청소했습니다. 그 덕택에 마을은 번성했으며, 유명한 관광휴양지가 되었습니다. 방앗간의 물레방아는 밤낮으로 돌아갔으며, 농지에는 끊임없이 물을 댈 수 있었고, 오염되지 않은 물 덕분에 사람들은 건강했습니다. 마을은 그야말로 평화롭고 아름다운 정경을 연출하고 있었습니다.

그로부터 몇 년이 지난 어느 날, 마을의 예산결산심의회가 열리는 가운데 한 위원이 '샘지기에게 지급되는 봉급'이라는 항목을 발견하고 이의를 제기했습니다.

"누가 이 사람을 고용했어요? 이 사람이 누굽니까? 이 사람은 봉급만 축내는 사람이 아닙니까?"

위원은 잠시 멈췄다가 말을 계속 이었습니다.

"이 노인이 없어도 샘물은 항상 안전하고 깨끗합니다. 그러니 더 이상 이 사람은 필요가 없습니다."

그의 장황한 설득으로 위원들은 샘지기 노인을 해고시켰습니다.

그 후 한동안은 실제로 아무 일도 없었습니다. 하지만 가을이 오자 샘물에 낙엽이 떨어지고, 바닥에는 흙이 쌓였으며, 때문에 물의 흐름도 느려졌습니다. 또 마을로 흐르는 냇물이 누런색을 띠는 듯하더니 얼마 지나자 색이 더 짙어졌습니다. 그리고 한 주가 더지나자 냇물 양쪽 둑에 물이끼가 끼기 시작했습니다. 또 냇물에서는 악취가 나기 시작했고, 물레방아가 멈추었습니다.

그러자 관광객이 떠나고, 아이들은 병이 들기 시작했습니다. 당황한 마을 원로들은 긴급회의를 열어 그 원인을 찾았습니다. 그리고 그 노인을 해고한 것이 실수였음을 깨닫고는 다시 노인을 복직시켰습니다.

그뒤 다행히도 몇 주 만에 샘물들이 깨끗해지고, 물레방아가 다시 돌기 시작했습니다. 관광객들이 다시 모이기 시작하고, 아이들도 더 이상 아픈 일이 없었습니다. 마을이 다시 생명을 회복한 것입니다.

그 샘지기의 이름은 성실, 근면, 인내, 자비, 선행 등이라고 생각합니다. 그렇습니다. 바로 이러한 것들이 마음관리를 통해 인격 속에 자리 잡을 때 삶은 풍요롭고 아름다워집니다.

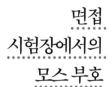

면접
시험장에서의
모스 부호

여러 해 전에 '모스 부호' 통신사에 취직을 원하는 한 젊은이가 있었습니다. 그는 한 지방신문에 난 모집광고를 보고 그 회사를 찾아갔습니다. 도착해 보니 그 회사는 어디선가 신호가 오고 연락하는 소리가 끊임없이 들려오는 등 분주하고 활기찼습니다.

사무실 안으로 들어가자 그 회사에 취직하려고 면접을 보러 온 많은 사람들이 대기실에서 기다리고 있었습니다. 그 광경을 보고 젊은이는 다소 낙담했지만 손해볼 것 없다는 생각으로 다른 지원자들과 함께 호출을 기다리고 있었습니다.

그렇게 2~3분이 지났을 때, 젊은이는 갑자기 면접이 진행되고 있는 사무실로 들어갔습니다. 점잔을 빼고 앉아 있던 지원자들은 서로 얼굴을 마주보고 쑥덕거렸습니다. 5분 정도 지났을 때, 젊은이는 문을 열고 다시 돌아왔습니다. 이번에는 사장과 함께였습니다. 사장은 다른 지원자들을 보고 말했습니다.

　"여러분, 저희 회사에 관심을 가지고 지원해주셔서 감사합니다. 그런데 그 일자리는 이 젊은이가 맡게 되었습니다. 그러니 죄송하지만 모두들 돌아가 주십시오."

　그러자 한 젊은이가 일어서더니 큰소리로 말했습니다.

　"사장님, 이해할 수 없습니다. 그는 맨 나중에 들어왔고, 우리들은 면접조차 보지 못했습니다. 그런데 그가 그 일자리를 맡게 되었다니, 그것이 말이나 됩니까?"

　사장이 말했습니다.

　"미안합니다. 하지만 여러분이 여기 앉아서 대기하고 있는 동안 나는 계속해서 모스 부호의 메시지를 보내고 있었습니다. 그 내용은 '이 모스 부호를 이해한다면 지금 곧 들어오십시오. 이 일자리는 먼저 들어오는 사람의 것입니다'라는 내용이었습니다. 하지만 여러분 가운데 아무도 그 메시지를 알아듣지 못하고, 이 젊은이는 알았던 것이지요. 그래서 이 일자리는 이 사람의 것이 된 것입니다."

　어떤 일에 대비하여 미리 준비하는 것은 쉽지 않습니다. 그러나 유비무환의 자세로 미리미리 준비하는 사람은 준비하지 않은 사람보다 값진 인생을 살 수 있습니다.

PART 8

난관을
극복하는
──
힘

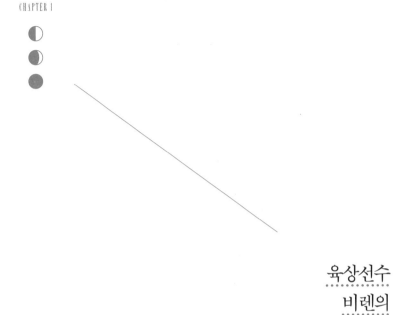

육상선수
비렌의
이야기

이 사건은 독일 뮌헨올림픽에서 1만미터 달리기 육상경기가 진행
되는 가운데 일어났습니다. 이 경기에는 핀란드에서 온 라세 비렌이
라는 남자 선수가 참가했지요. 사람들은 그 경기에 그가 참가한 사실
조차 모르고 있었습니다. 그는 세계 랭킹 15위에도 들지 않는 그야말
로 무명선수에 지나지 않았기 때문이지요. 그러나 그는 올림픽을 위
하여 그 누구보다도 열심히 훈련해왔고, 경기에도 자신 있었습니다.

그날 육상경기가 열리는 메인스타디움에는 8만 5천 명이 넘는 관
중들로 가득 찼습니다. 이윽고 출발을 알리는 총성이 울리자 75명의

선수들이 25바퀴를 도는 경주를 위해 일제히 출발했습니다.

비렌은 멋진 경기를 하고 싶었습니다. 뮌헨올림픽은 그에게 있어 생애 가장 큰 기회였지요. 그런데 두 바퀴 반 정도 돌았을 때 유력한 우승 후보가 다른 선수의 팔에 치어서 경주로 밖으로 나가떨어져 안타깝게도 그 자리에서 의식을 잃고 말았습니다. 그런데 이 선수가 쓰러질 때 머리로 비렌의 발뒤꿈치를 건드려서 비렌도 함께 쓰러졌습니다. 10년이 넘게 훈련해왔는데 일생일대의 중대한 경기에서 불의의 사고를 당하는 순간이었습니다.

그런데 비렌은 벌떡 일어나 힘차게 달렸습니다. 관중들은 한 편의 드라마가 자신들 앞에 펼쳐지는 것을 보고 기립하여 박수를 치면서 응원을 했지요. 관중들은 실제 상황을 보고 있으면서도 도저히 믿을 수가 없었습니다.

비렌은 계속 달려 선두를 따라잡고 1만 미터 달리기 세계신기록을 세우면서 결승선을 통과했습니다.

그동안의 훈련과 노력을 한순간의 좌절이나 실망으로 잃을 뻔한 상황에서 비렌은 용기를 내어 앞으로 달려 나갔습니다. 우리도 일시적인 감정에 휩쓸려 쉽게 좌절한다면 어떠한 일도 지혜롭게 헤쳐 나갈 수 없게 될 것입니다.

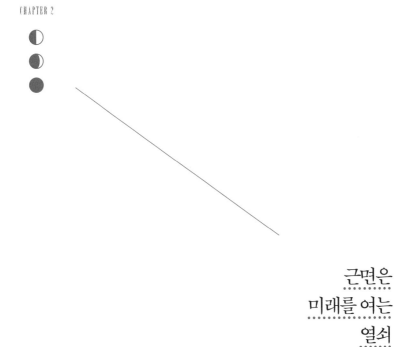

근면은
미래를 여는
열쇠

그는 미국 오하이오 주 콜럼버스에서 8남매 가운데 셋째로 태어났습니다. 그리고 열한 살 나이에 학교를 그만두고 가족들의 생계를 위하여 주 60시간의 노동을 해야만 했습니다.

16세 때에는 자동차에 흥미를 느껴서 주급을 받고 자동차 정비 공장에서 일했습니다. 그러다가 공부를 더 해야겠다는 생각이 들어 정비소에서 힘든 하루 일과를 마치고 나면 부엌 한 귀퉁이에서 가정통신 교육을 통해 본격적으로 자동차에 대해 공부했습니다.

그렇게 어느 정도 준비를 한 그는 콜럼버스에 있는 한 자동차회사에서 일하기로 결심하고 그 회사를 찾아갔습니다. 마침 그 회사의 사장이 자동차 엔진을 살펴보고 있었지요. 그 곁에서 그는 일이 끝나기를 묵묵히 기다렸습니다. 이윽고 그를 쳐다보며 사장이 물었습니다.

"무슨 일로 거기에 서 있지?"

"내일 아침부터 이곳에서 일하고 싶습니다."

"아! 그래, 누가 너를 고용했지?"

"아직은 아무도요. 하지만 내일, 아니 지금부터 당장이라도 일을 할 수 있습니다. 만일 일을 못하면 바로 쫓아내셔도 좋습니다."

다음 날 아침 일찍 그는 그 자동차회사에 출근했습니다. 물론 사장도 출근하기 전이지요. 바닥에 쇠부스러기가 쌓여 있었고, 먼지와 기름이 뒤범벅이었습니다. 그는 빗자루로 청소부터 시작했습니다. 그는 소망대로 그 회사의 직원이 된 것입니다. 근면한 그의 태도가 그의 미래를 열어주는 열쇠가 되었습니다.

포드자동차의 창설자인 헨리 포드의 이야기입니다.

소위 명문대 졸업장이나 화려한 스펙만으로 성공이 보장되는 시대는 지나갔습니다. 성실과 근면도 중요하지만 남다른 적극성과 하고자 하는 의지가 중요합니다. 어떠한 일을 배우고 싶거나 하고 싶다면 자신만이 가진 그 일에 대한 열정을 보여줘야 할 것입니다.

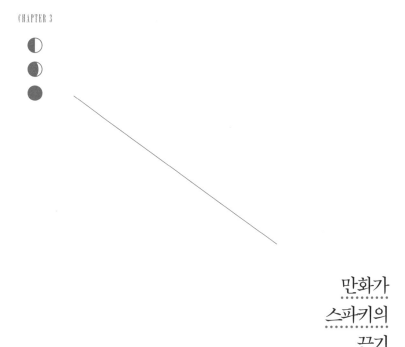

CHAPTER 3

만화가
스파키의
끈기

아주 어렸을 때 그의 별명은 스파키였습니다. 연재만화에 나오는 말 이름인 스파크 플러그를 따서 아이들이 붙여준 별명이었습니다. 그 후 그는 그 별명을 벗지 못했지요.

학교생활은 그에게 괴로움의 연속이었습니다. 중학교 2학년 때는 전 과목에서 낙제점을 받았습니다. 더구나 물리는 빵점을 받아서 그 학교가 생긴 이래 최악의 점수를 기록했습니다. 영어와 수학도 마찬가 지였습니다. 그렇다고 운동을 잘하는 것도 아니었지요. 가까스로 학교 골프 클럽에 가입했지만 그해 중요한 시합에서 지고 말았습니다.

또 스파키는 사교적이지도 못했습니다. 다른 아이들이 그를 싫어해서가 아니라 자신이 다른 사람들에게 무관심했기 때문입니다. 교실 밖에서 다른 아이가 인사라도 걸어오면 스파키는 깜짝깜짝 놀라곤 했지요. 여자 아이에게는 데이트를 신청했다가 거절당하는 것이 싫어 그 흔한 데이트 한 번 못했습니다. 한마디로 패배자였지요. 자신뿐만 아니라 친구들도 다 그렇게 생각했습니다. 그래서 그는 현실을 인정하고 그것에 만족하며 살았습니다.

아, 스파키도 잘하는 것이 하나 있었습니다. 바로 그림을 그리는 일이었지요. 스파키는 자기가 그린 그림이 자랑스러웠습니다. 그러나 어느 누구도 그의 그림을 거들떠보지 않았습니다.

고등학교 3학년 때, 그는 몇 장의 만화를 교지에 실어달라고 편집장에게 주었습니다. 그러나 무참하게 거절당하고 말았습니다.

그러나 그는 포기하지 않았습니다. 오히려 직업적인 전문 만화가가 되기로 결심하고, 졸업 뒤 월트디즈니에 편지를 썼습니다. 자신은 디즈니의 만화를 그릴 자격이 있으니 채용해달라는 내용이었습니다. 그 뒤, 스파키는 디즈니 사로부터 그의 작품 샘플을 몇 점 보내달라는 편지를 받았습니다. 작품을 보낸 스파키는 답장을 기다리면서도 속으로는 떨어졌을 거라고 생각했습니다. 정말 그랬습니다.

그래도 그는 만화가의 꿈을 포기하지 않고, 어린 패배자, 만년 꼴찌였던 자신의 어린 시절을 만화로 그리기 시작했습니다. 그리고 그는 지금 전 세계적으로 유명한 만화가가 되었습니다. 그는 스누피를 그린 찰스 슐츠입니다.

사람은 누구나 평생 패배자로 살라는 법도 없고 평생을 걸쳐 잘나간다는 보장도 없습니다. 그러니 기회가 생기면 무조건 달려들어야 합니다. 우리 모두에게는 고유한 자랑거리가 있습니다. 남들의 시선이나 남들의 평가에 그대로 심취해서 자신을 깎아내리는 행동을 해서는 절대 안 됩니다. 우리는 모두 잠재하고 있는 재능이 있습니다. 남들의 평가에 귀를 기울이기보다는 나만이 가진 재능, 그것을 찾는 노력에 더 많은 시간을 들여야 합니다.

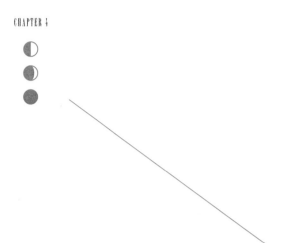

에디슨
회사의
화재

미국 서부 오렌지 주에 있는 에디슨 회사가 화재로 완전히 잿더미로 변했습니다. 그날 밤 에디슨은 200만 달러와 함께 일생 동안 쌓아올린 업적을 일순간에 날려버리고 말았습니다. 화재에 걱정 없다던 콘크리트 건물만 믿고 단지 25만 달러짜리 보험 하나만 가입한 상태였습니다. 그때의 상황을 그의 아들로부터 직접 들어보겠습니다.

아버지의 나이가 그때 67세로 다시 시작하기에는 너무 늦으셔서 가슴이 무척 아팠습니다. 하지만 아버지는 안타까워하는 나에게 도리어 이렇게 말씀하셨지요.

'어머니 어디 계시니? 모시고 오너라. 이런 일을 언제 또 보겠니?'

다음 날 아침, 에디슨은 자신의 꿈과 희망이 검은 숯덩어리로 변해 버린 폐허를 이리저리 걸어다니며 말했습니다.

"이 재난 속에는 위대하고 가치 있는 것들이 있다. 다만 우리의 실수로 모두 타버린 것이지. 난 우리에게 새로운 출발하게 해주신 하느님께 감사를 드린다."

그 화재가 있은 지 3주 만에 에디슨 회사에서는 다시 제품이 나오기 시작했습니다.

이런 일은 누구에게나 닥칠 수 있습니다. 에디슨은 재앙과 역경을 이겨내는 법을 알고 있었습니다. 그에게는 다시 일어설 수 있는 용기가 있었고, 그것이 자신에게 무엇보다도 중요하다는 것을 그는 알고 있었습니다.

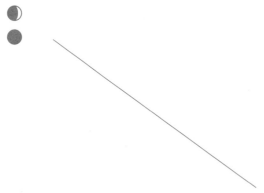

인내심이
필요하다

그는 스무 살 청년이었습니다. 대학을 졸업하고 일자리를 애타게 구하고 있었습니다. 그러던 차에 한 지방 신문에서 일할 사람을 구한다는 구인광고를 보게 되었습니다. 그는 자신이 그 직업에 관심이 많음을 강조하며 세심한 주의를 기울여 이력서를 써서 광고문에 게재되어 있는 사서함으로 보냈습니다. 하지만 며칠이 지나도 답장이 오지 않았습니다. 다시 편지를 써서 보냈지만 역시 감감무소식이었습니다.

그는 그 지역의 우체국을 찾아가서 그 사서함의 회사를 물어보았지만 우체국 직원은 알려줄 수 없다고 했습니다. 우체국장에게도 물어봤지만 대답해주지 않았습니다.

'이제 어떻게 하지?'

그는 생각 끝에 자명종 시계를 새벽 다섯 시에 맞춘 다음 아침 일찍 일어나 도시락을 싸들고 사서함의 우체국이 있는 도시로 갔습니다. 그리고 그 사서함이 있는 곳에서 기다리기 시작했습니다. 그렇게 기다리기를 여덟 시간, 해가 질 무렵이 되자 한 사람이 나타나서 사서함의 편지를 수거해갔습니다.

청년은 그의 뒤를 따라갔습니다. 얼마 후 그가 도착한 곳은 어느 증권회사 지점이었습니다. 그는 지점장을 면담하여 자신이 세 번이나 이력서를 보냈는데 답장이 없다는 이야기를 했습니다. 지점장은 그에 대한 답변보다는 어떻게 주소를 알아 이곳까지 왔느냐부터 물었습니다.

"우체국 사서함 부근에서 종일 기다리다가 귀사의 직원이 우편물을 수거하러 왔을 때 그 사람의 뒤를 따라왔습니다."

그러자 그 지점장은 웃으면서 말했습니다.

"당신이야말로 우리가 찾던 인내심을 가진 사람입니다. 우리 회사에 잘 오셨습니다. 지금부터 당신은 우리 회사 직원입니다."

인내심으로 성공한 억만장자 찰스 윌리의 이야기입니다.

인생을 살아가려면 인내심이 필요할 때가 많습니다. 참고 기다리면 좋은 보상이 따르기 마련입니다.

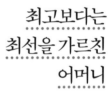

최고보다는 최선을 가르친 어머니

지금은 가정주부로 평범하게 살고 있는 전직 체조선수의 이야기입니다.

나와 남편은 캠프장 부근에서 조깅을 하고 있었습니다. 그때 마침 선수들이 달리기 연습을 하고 있었습니다. 그런데 연습장 한편에 당시 알아주는 여배우가 보였습니다. 그녀는 딸아이가 연습하는 것을 보려고 이곳까지 온 것입니다. 그녀는 딸아이가 연습하는 것을 보더니 화를 냈습니다.

"네가 뛰는 것을 보니 꼭 거북이가 기어가는 것 같다. 그래서야 어떻게 대표로 뽑히겠니?"

그녀가 말하는 대표란 국가대표를 말하는 듯했습니다. 아이는 풀이 죽어 고개를 푹 숙이고 그 자리에 서 있었습니다. 그 광경을 보고 나의 어린 시절이 생각났습니다.

나는 소녀시절, 체조선수였습니다. 당연히 올림픽에서 금메달을 따는 것이 소원이었지요. 어머니는 큰오빠를 낳다가 소아마비에 걸렸습니다. 이후 평생을 휠체어와 목발에 의지해서 살았습니다. 그러나 어머니는 한 번도 낙담하거나 실망하지 않았습니다. 저를 위시해서 오남매를 키우시느라 직장생활도 했습니다.

나는 학생시절에 체육부에 들어가 열심히 운동했고, 우리나라 올림픽 대표팀에 뽑혀 금메달을 목표로 열심히 훈련했습니다. 그리고 뮌헨올림픽에 출전했으나 바라던 금메달을 따는 것은 실패했습니다. 나는 관람석에 앉아 계신 어머니에게 다가가 기어들어가는 소리로 말했습니다.

"죄송해요. 최선을 다했는데……."

그러자 어머니는 웃으면서 평생 잊을 수 없는 말씀을 하셨습니다.

"잘 안다. 최선을 다하는 것이 최고가 되는 것보다 더 중요한 거야."

어머니는 장애인임에도 불구하고 최선을 다하며 살았고, 장애가 최선을 다하는 데 방해가 되지 않는다는 것을 보여주셨습니다.

나는 울고 있는 그 소녀에게 다가가서 어깨를 두드려주며 말했습니다.

"애야, 나는 네가 운동하는 것을 보았다. 그리고 네가 최선을 다하고 있다는 것도 알고 있다. 최선을 다하는 것이 최고가 되는 것보다 더 중요한 것이란다."

그러자 아이는 살포시 웃었습니다.

그 아이도 언젠가는 말하겠지요. '최선을 다하는 것이 최고가 되는 것보다 중요하다'고 말이에요.

개썰매 경기에서
우승한
어린이

추운 1월의 어느 날 아침, 위스콘신 주 북부의 슈페리어 호 남쪽의 작은 마을에서 일어났던 일입니다.

해마다 호수 얼음 위에서 열리는 개썰매 경기가 시작되었습니다. 1 마일 거리의 코스는 작은 전나무들을 꽂아 마련되었습니다. 호수 옆에 있는 언덕은 높아서 그 위에 서면 코스 전체를 바라볼 수 있었습니다.

그것은 청소년들의 경기였습니다. 참가팀은 여러 마리의 개가 끄는 커다란 썰매를 탄 덩치 큰 청소년들부터 달랑 작은 개 한 마리가 끄는 자그마한 썰매를 가진 여섯 살 어린이까지 다양했습니다.

출발신호가 울리자마자 모두들 앞다투어 달려 나갔지만 그 꼬마는 눈에 띄게 뒤처졌습니다. 시간이 지날수록 다른 팀과 너무 멀리 떨어져 마치 혼자 달리는 듯했습니다.

한편, 나머지 팀들은 코스를 반쯤 지날 때까지 모두 잘 달렸습니다. 그런데 2위로 달려가던 팀이 선두를 추월하려고 다가가자 밀착된 양 팀의 개들이 서로 싸우기 시작했습니다. 그리고 이어서 각 팀들이 도착하면서 다른 팀의 개들도 싸움에 휘말렸습니다. 아무도 상황을 통제하지 못했고, 곧 경기는 난장판이 되었습니다. 개들은 서로 물어뜯고 짖어대며 나뒹굴었고, 썰매와 선수들도 서로 뒤범벅이 되었습니다.

선수들은 그 난장판 가운데서 개들을 떼어놓으려고 무진장 애를 썼습니다. 소년들은 알래스카 특유의 쉰 목소리로 소리를 질러대고 호각을 불며 있는 힘껏 싸움을 말렸습니다. 그 광경은 말 그대로 선수들과 썰매와 개들의 소용돌이였습니다. 그때 작은 개가 끄는 썰매를 탄 어린이가 그들을 스쳐가는 것이 보였습니다. 어린이는 가볍게 개를 몰아 그 난장판을 지나갔습니다. 아무도 못한 일을 한 어린이가 해낸 것입니다. 기자가 어떻게 해냈느냐고 묻자 어린이는 간단하게 대답했습니다.

"그냥 계속해서 달렸어요. 또 개가 싸우지 않게 잘 달렸어요."

그렇습니다. 어떤 목표가 설정되면 주위의 사정을 보지 말고 계속 달려가는 것입니다. 그것이 승자의 모습 아닐까요?

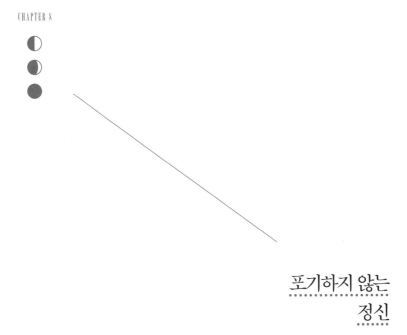

포기하지 않는
정신

글랜은 한 자그마한 시골에서 태어났습니다. 시골이다 보니 전학년 학생들이 하나의 교실에 모여서 공부를 했습니다. 따라서 글랜의 형제들도 모두 한 교실에서 공부를 했습니다.

추운 어느 겨울날이었습니다. 그날, 교실에서는 배불뚝이 모양의 구식 난로를 피웠는데, 글랜 형제가 담당이었습니다. 그래서 형제는 선생님과 학생들이 오기 전에 난로에 불을 피워놓아야 했습니다. 그런데 난로에 남아 있는 불 붙은 석탄에 등유를 붓다가 그만 난로가 폭발하고 말았습니다. 폭발하는 과정에 글랜의 형이 쓰러졌습니다. 글랜은 나올 수 있었지만 형을 구해 함께 나오려다가 그만 둘 다 불 속에 갇히고 말았습니다. 결국 형은 죽고, 글랜은 하반신에 심한 화상을 입은 채 인근 병원으로 옮겨졌습니다.

의사는 글랜의 어머니에게 살기가 힘들고, 살더라도 다시 걷지 못해 평생을 누워서 지내게 될 테니 죽는 것보다 더 고통스러울 것이라고 말했습니다.

그러나 이 용감한 소년은 놀랍게도 기적적으로 살아났습니다. 소년은 의사가 어머니에게 하는 말을 듣고는 굳은 결심을 했습니다. 결코 의사의 말대로 장애자로 누워서 보내지는 않겠다고. 반드시 다시 걷고, 뛰고 말 거라고. 그러나 그러한 그의 희망은 불가능해 보였습니다. 다리는 근육이 약해 그저 달려 있을 뿐이었습니다. 그런 다리를 어머니는 날마다 마사지해주었습니다.

글랜은 자신의 다짐대로 결코 포기하지 않았지요. 어쩌다 휠체어를 타고 잔디밭에 나오면 일부러 휠체어로부터 잔디밭으로 몸을 던졌습니다. 그러고는 못쓰게 된 다리를 끌며 잔디밭을 기어다녔습니다. 또 작은 말뚝이나 낮은 울타리를 잡고 죽을힘을 다해 일어섰습니다. 처음에는 힘에 부친 나머지 금방 쓰러졌습니다. 그러면 다시 일어나 또 시도하기를 반복했습니다.

그렇게 꾸준히 재활훈련을 한 결과 드디어 그는 혼자 일어서게 되었습니다. 걷게 되자 이번에는 뛰는 것을 목표로 하고 노력했습니다. 1마일 달리기 경주에서 1등을 목표로 연습했습니다.

대학교에 입학한 후 그는 육상부에 들어가서 운동을 했습니다. 얼마 후 시에서 주관하는 달리기 경주에 출전하여 마침내 1등의 영예를 안았습니다.

　평생 배우로 살던 한 연기자는 어느 날 갑자기 뇌경색으로 쓰러져 의사로부터 남은 인생은 휠체어에 의지하며 살 수밖에 없다는 진단을 받았습니다. 의사의 말은 그에게 청천벽력과도 같았지요. 거의 30년 동안을 열정적으로 배우로서 살아왔는데 어느 순간부터 일어설 수도 없다는 말에 큰 충격을 받았습니다. 그러나 그는 포기하지 않았습니다. 매일같이 아침이면 혼자서 끊임없이 걷기 연습을 하고, 재활 치료를 위해 집안에 방 한 칸을 오롯이 혼자서 운동에 전념할 수 있는 공간으로 꾸몄습니다. 그리고 그는 10년 만에 다시 배우로서 무대에 섰습니다.

　어떤 절망적인 상황이 닥쳐오더라도 절대 포기하지 않는 용기야말로 좌절을 넘어 희망을 바라보게 하는 원동력이 됩니다.

PART 9

더불어

함께 사는

——

사회를 위하여

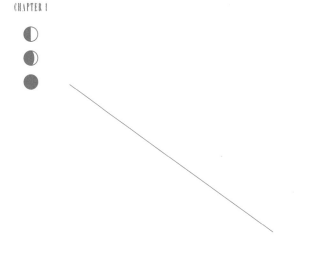

CHAPTER 1

떼죽음을
부른 명령

비극은 이탈리아와 국경을 맞대고 있는 남부 프랑스 지역의 한 작은 마을 모단에서 시작되었습니다.

1917년 12월 17일, 처음으로 전선에 배치된 1,200명의 프랑스 군인들이 크리스마스 휴가를 보내려고 고향으로 가는 열차에 승차하고 있었습니다. 때마침 그 지역의 축제기간이라 여기저기서 즐거운 음악소리가 들리는 가운데 열차가 터져나갈 듯이 가득 올라탄 병사들은 기차를 어서 출발시키라고 소리치고 있었습니다. 그러나 기관사는 열차를 출발시키지 못하겠다고 고개를 흔들었습니다. 너무 많은 병사들이 탔기 때문입니다. 목적지까지 가는 도중에는 많은 급커브,

287

가파른 오르막길이 있는데 이렇게 많은 사람들을 태우고 가는 것은 자살행위나 마찬가지라는 거였지요. 몇몇 사람이 가서 해당역의 역장과 사령관을 데리고 왔습니다.

"이게 무슨 말인가? 기차를 못 움직이겠다니?"

역장이 소리쳤습니다.

"어이, 기관사, 내 말 잘 들어! 곧바로 기관차로 올라가서 이 병사들을 고향으로 데려가게. 만일 이 명령을 거부하면 자네는 총살이야. 알겠나?"

사령관도 거들고 나섰습니다.

풀이 죽은 기관사는 걱정이 됐지만 어쩔 수 없이 명령을 따랐습니다.

기관사는 과적된 기차가 브레이크에 무리를 줄 것을 알고 있었습니다. 그래서 아주 조심스럽게 천천히 기차를 몰기 시작했습니다. 기차는 서서히 레일 위를 달리기 시작했습니다. 기관사는 속력을 낮추며 브레이크로 계속해서 속도를 조절했지요. 그러나 50마일도 채 못 가서 브레이크에서 연기가 나기 시작했습니다.

'다음 내리막쯤에서는 브레이크가 작동하기 힘들 것 같은데…….'

기관사는 생각했습니다. 아니나 다를까, 기차가 갑자기 속력을 내기 시작하더니 미친 듯이 달리기 시작했습니다. 기관사는 증기 공급을 중단시키고 브레이크를 밟았습니다. 그러나 예상했던 대로 브레이크가 말을 듣지 않았습니다.

기차 밑에서 연기가 오르기 시작했고, 기차 안은 순식간에 아수라장이 되어버렸습니다. 군인들은 무언가 일이 잘못 되어가는 것을 느졌습니다. 모두 우왕좌왕하는 사이 어떤 이는 창문을 깨고 뛰어내리다가 죽기도 했습니다. 몇 분 지나지 않아 기차는 시속 80마일을 넘기기 시작했지요. 기차는 날카로운 기적소리를 내며 한 마을역을 그냥 지나갔습니다. 그 역을 지나면 내리막길이 기다리고 있었고, 그 다음에는 급커브가 그들을 기다리고 있었습니다. 결국 기차는 언덕 아래로 굴러 떨어지고 말았습니다. 이 사고로 인해 병사 55명이 죽고, 563명이 부상당했습니다.

정말 '이건 아닌데'라고 생각할 때는 누가 아무리 강요해도 하지 않아야 하는 것입니다. 이럴 때 해결할 수 있는 길은 정도를 걷는 일입니다.

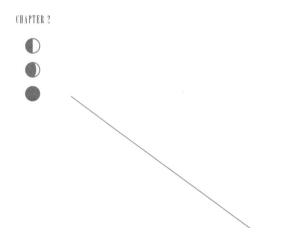

CHAPTER 2

셰퍼드를 죽인
애완견

어느 가족이 미국 남부의 자그마한 마을에서 살다가 동부의 대도시로 이사를 가게 되었습니다. 어린 꼬마는 친한 친구들이 있는 그 마을을 떠나기가 싫었습니다. 게다가 대도시에서 사는 것이 자기에게는 맞지 않을 거라고 생각했지요. 다만 한 가지 위안이 되는 것은 애완견을 데리고 가도 된다는 것이었습니다.

새집에 이사를 온 후, 꼬마는 애완견을 데리고 동네로 산책을 나갔습니다. 공원을 천천히 돌아다니고 있는데 그 동네 불량배들이 나타났습니다. 그중에 우두머리로 보이는 한 아이가 말했습니다.

"야, 너 새로 이사 온 거야? 이 동네에서 오래 살고 싶으면 우리 팀에 들어오는 게 좋을 거야."

꼬마가 말했습니다.

"내가 살던 곳에는 너희들 같은 패거리가 없었어. 난 너희들과 노는 게 싫어."

"너 분명 잘못 생각하고 있는 거야. 곧 후회하게 될 걸!"

그들은 꼬마의 애완견을 보고 웃음을 터뜨렸습니다.

"어, 이 개 좀 봐! 정말 못생겼네. 단추 구멍만한 눈 하며, 누런털, 짧은 꼬리에 긴 콧등, 짤막한 다리! 야, 이 개 무슨 종자냐?"

"내가 개량한 거야."

"그래? 그건 아무래도 좋아. 내 계획을 말해주겠어. 내일 저녁까지 우리 팀에 들어오지 않으면 내 킬러가 이 못생긴 개새끼를 물어죽이게 만들겠어. 각오하고 내일 밤에 이곳으로 나와! 아니면 그냥 두지 않을 거야."

꼬마가 그 말을 되받아쳤습니다.

"그래, 내일 보자. 하지만 난 네 패거리엔 들어가지 않아!"

다음 날 저녁, 꼬마는 애완견을 데리고 공원으로 갔습니다. 아니나 다를까 그 불량배 아이들은 이미 나와 있었습니다. 어제의 그 아이가 킬러라는 이름의 독일산 셰퍼드를 사슬에 묶어서 데리고 나왔습니다. 그 개는 어깨까지의 높이가 3피트나 되는 몸집이 당당한 싸움개였습니다. 침을 질질 흘리며 커다란 이빨을 드러낸 킬러는 금방이라도 꼬마의 애완견을 잡아먹을 듯이 노려보았습니다.

"어때? 우리 팀에 들어올 거야?"

우두머리 아이가 물었습니다.

"싫어! 어제 내가 말했잖아."

그러자 불량한 아이가 곧바로 킬러의 사슬을 풀며 외쳤습니다.

"물어!"

킬러는 꼬마의 애완견 주위를 두어 번 돌더니 왈칵 덤벼들었습니다. 그러나 그 순간 꼬마의 애완견이 그 불량배가 이제까지 보아왔던 그 어떤 입보다도 더 크게 입을 벌려 킬러의 목을 단번에 물어 죽이고 말았습니다. 불량배들의 눈이 휘둥그레졌습니다.

"어? 단춧구멍 같은 눈에 짧은 꼬리, 긴 콧등, 그리고 땅딸막이 다리의 개가 도대체 무슨 종자냐?"

"으웅, 내가 이 녀석 꼬리를 자르고 페인트를 칠하기 전엔 악어였어!"

꼬마가 말했습니다.

사람이든 동물이든 그 무엇이라도 겉으로 보이는 면이 전부가 아님을 알아야 합니다. 특히 상대의 겉모습만 보고 자신보다 못났다고 생각하는 것은 더욱 큰 잘못입니다. 외모만 보고 사람을 이리저리 자신의 기준과 잣대로 평가하면 자신 또한 다른 사람에게 같은 취급을 받게 됩니다. 누구든 겉모습과 상관없이 존중하고 진심으로 대해야 할 것입니다.

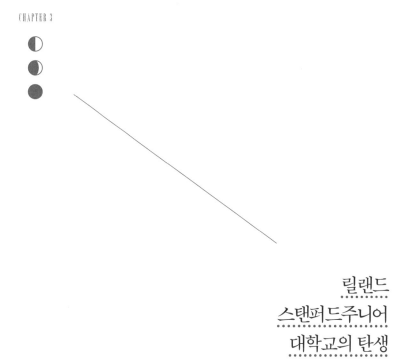

CHAPTER 3

릴랜드
스탠퍼드주니어
대학교의 탄생

한 젊은이가 유럽 여행 도중에 그만 사고를 당해 죽고 말았습니다. 그 부모는 깊은 슬픔 속에서 아들의 시신을 미국으로 옮겨왔습니다.

아들의 장례가 끝나자 그의 부모는 자식을 기리기 위해 할 수 있는 게 뭐가 있을까 하고 상의를 했습니다. 그들은 비석이나 화려한 동상 따위를 만들지 않는 대신 다른 젊은이에게 도움이 되는 실질적인 추모를 하기로 했습니다.

여러 가지 가능성을 생각하다가 교육 분야에 관련된 일을 하기로 결정하고 하버드 대학의 총장을 찾아갔습니다. 그리고 갑자기 죽은 아들의 이야기를 들려주고는 아들을 기리기 위해 아들과 같은 젊은 이가 계속해서 공부하는 데 도움을 주고 싶다고 말했습니다. 그러자 귀족처럼 거드름을 피우던 총장은 장학기금 설립을 말하는 것이냐고 물었습니다.

"아뇨, 그것보다도 더 실질적인 것을 생각하고 있는데요."

부인이 말했습니다. 총장은 부인의 말을 가로채고는 짐짓 봐주는 듯한 태도로 말했습니다.

"아무래도 설명을 드려야 할 것 같은데요, 그러려면 두 분께서 제안하고 계신 사업은 엄청난 돈이 듭니다."

"총장님, 이 대학의 전체 가격이 얼마나 됩니까?"

"한 700만 달러 정도 될 겁니다."

총장이 우물거리며 말했습니다.

부인은 무언가 결심을 한 듯 말했습니다.

"그래요? 우리는 그보다도 더 많은 일을 할 수 있어요. 여보, 그냥 갑시다. 내게 좋은 생각이 있어요."

부부는 그곳을 떠났습니다.

다음 해, 하버드 대학 총장은 대단치 않게 생각했던 그 부부가 자기 아들을 기리는 사업으로 2,600만 달러를 투자했다는 소식을 들었습니다. 캘리포니아에 '릴랜드 스탠퍼드 주니어 대학교', 즉 스탠퍼드 대학교가 설립된 것입니다.

사람의 외양만으로 섣불리 판단하거나 예단하는 것은 좋지 않습니다. 이런 일들은 우리 주변에 많이 일어나고 있지요.

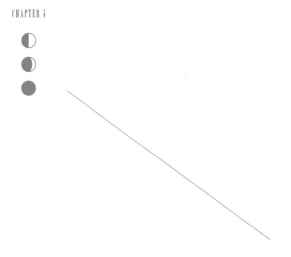

친절이
맺은 열매

폭풍우가 몰아치던 날 밤, 필라델피아의 한 작은 호텔에 노부부가 들어왔습니다. 그들은 다른 호텔이 만원이어서 이 호텔에 왔다고 말하며 빈 방이 있느냐고 물었습니다. 호텔 직원은 이 도시에서 여러 가지 중요한 회의가 열리고 있어 모든 호텔이 만원이며 자기네도 예외는 아니라고 말했습니다. 그러면서 이렇게 덧붙였습니다.

"오늘처럼 날씨가 험한 밤에 손님을 그냥 가시라고 하는 것은 예의가 아니지요. 괜찮으시다면 제가 쓰는 방을 비워드리겠습니다. 주무시고 가세요."

노부부는 직원의 말에 일단 나가던 발걸음을 멈추었지만 그 직원의 잘 곳을 뺏는다는 생각에 어찌해야 할지 몰라 망설였습니다. 하지만 그의 계속되는 권유에 그날 밤을 그 호텔에서 묵었습니다.

다음 날 아침, 노부부는 체크아웃하면서 물었습니다.

"자네 친절에 감사하네. 앞으로 이 나라 제일의 호텔 지배인이 될 자격이 있어. 내가 자네를 위하여 언젠가 호텔 하나를 지어주지."

호텔 데스크에 있던 다른 직원들은 모두 비아냥대는 웃음을 보냈지만 그 직원은 노부부의 가방을 현관문 밖에 대기하고 있던 차에까지 가져다주었습니다.

2년이 지난 뒤, 그날 밤의 일을 까맣게 잊고 있던 그 직원에게 한 통의 편지가 날아왔습니다. 거기에는 그날 밤의 친절에 감사한다는 내용과 자기를 방문해달라는 내용이 있었습니다. 또 뉴욕까지의 왕복 비행기표도 들어 있었습니다. 그리하여 그 직원은 그때의 노부부를 만났습니다. 노부부는 그 직원을 차에 태워 5번가로 데려가서 그곳에 새로 지은 아름다운 건물을 보여주었습니다.

"이 건물은 자네에게 관리를 맡기려고 지은 건물일세."

그렇게 해서 그 직원은 아름다운 뉴욕 호텔의 지배인이 되었습니다.

어느 누구에게나 친절하려면 그만한 인격이 갖추어졌을 때라야 가능합니다.

외모만 보고 사람을 이리저리 자신의 기준과 잣대로 평가하면 자신 또한 다른 사
람에게 같은 취급을 받게 됩니다. 누구든 겉모습과 상관없이 존중하고 진심으로
대해야 할 것입니다.

PART 10

인생의

절반을 넘어서

—

생각해야 할

또 다른 일

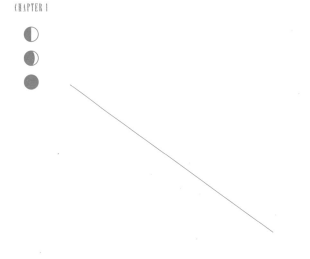

부부가 함께
생각해야 할
갱년기의 건강

인생의 절반을 넘어서 또 생각해야 되는 것은 임종 직전까지의 건강입니다.

21세기 의학의 목표는 주어진 천수를 건강하게 누리는 데에 있습니다. 국제노화학회는 인체의 각종 장기가 제 기능을 원활하게 발휘하면서 건강하게 살다가 임종을 맞도록 하는 '생명커브의 직각화'에 목표를 두고 있습니다. 현재까지 알려진 건강한 삶의 비결은 적절한 운동과 음식, 금연, 절주 등에 대한 습관입니다.

미국의 스탠퍼드 대학 의료 센터에서 근무하는 한 교수는 '우리 몸의 세포는 계속 적절한 자극을 받아야 생명력을 유지할 수 있다'면서 '특히 뼈, 관절은 끊임없이 자극을 주어야 제 모양의 제 기능을 할 수 있다'고 말하고, 지속적인 운동의 중요성을 강조했습니다. 특히 갱년 기에는 운동이 무엇보다도 중요합니다. 그 교수의 말은 다음과 같습 니다.

"의학적으로 통상 갱년기는 사십 세에서 육십사 세까지를 말하는 데, 이 시기의 건강을 특히 강조하는 것은 사십 대부터 성인병이 시작 되기 때문이고, 또 하나는 부부 생활의 갈림길이 되기 때문입니다."

40대는 건강 측면에서 하나의 고비입니다. 우리나라는 OECD 국 가 중에서 40대의 사망률이 1위라고 합니다. 특히 직장과 사회 생활 에서 오는 스트레스로 인한 사망률이 가장 높게 나타나고 있습니다. 따라서 이때를 잘 넘겨야 건강하게 장수할 수 있다는 말이 됩니다.

40대의 건강을 위협하는 가장 무서운 적은 성인병입니다. 30대에 내부에 감춰져 있던 여러 가지 건강 장애 요인들이 서서히 나타나는 것입니다. 이는 사망 원인에서도 잘 나타나 있습니다.

그럼 이런 현상의 원인은 무엇일까요? 무엇보다도 직장에서 위로는 상사로부터, 아래로는 치고 올라오는 부하직원들로부터 많은 스트레 스를 받는 시기이고, 또한 가정에서는 사춘기를 둔 부모로서 중압감에 시달리고 있어서 제대로 자신의 몸을 돌볼 여유가 없기 때문입니다.

이미 30대에 굳어버린 흡연, 폭음 등 나쁜 생활습관, 더욱 떨어지는 신체 활력, 가중되는 사회적 책임감, 여기서 비롯된 정신적 스트레스 가 성인병을 생산하고 있는 것입니다.

점점 멀어지는 성생활

그 다음으로 생각할 것은 위에서 지적한 여러 가지 요인으로 인해서 성의 능력이 감퇴된다는 사실입니다. 그래서 '고개 숙이는 40대'라는 말이 생긴 것입니다. 특히 성인병 중에서 당뇨가 남자의 정력에 치명적이라는 것은 이미 과학적으로 증명된 사실입니다.

뿐만 아니라 직장에서의 스트레스, 빈번한 음주 등은 남자로 하여금 성의 기능을 저하시키는 절대적인 요인으로 작용하고 있습니다. 그리하여 점차 부부의 성생활 횟수가 떨어지면서 부부관계에 적신호가 켜지는 것입니다.

이에 대한 40대의 자세는 어떤가요? 의사들에 의하면 부정적입니다. '건강은 돈으로 살 수 있다'는 착각으로 올바른 생활습관, 운동, 휴식 등 정공법으로 건강과 성생활의 저해요인들을 제거하기보다는 보약, 건강식품, 건강기구 등 특이한 방법으로 해결하려고 합니다. 한 예로, 남자들은 정력 감퇴를 기본적인 체중 유지와 음식 조절 등의 방법을 사용하지 않고 사이비 약물과 뱀 등 이상한 기호식품 등으로 해결하려고 합니다.

의사들은 당장 담배만 끊어도 평균수명이 7~8년은 길어진다고 말합니다. 또한 특이한 신비주의에 의하여 건강을 유지하려는 자세에 문제가 있다고 말합니다.

건강에는 지름길이 없습니다. 오직 꾸준히 가꾸어 나가는 것이 최선이라는 사실을 인생의 절반을 넘긴 사람들은 특히 유념해야 할 것입니다.

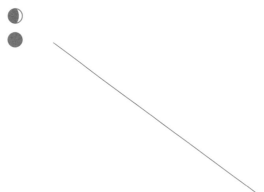

조그마한
이상도
체크해야

"남자도 오십 대가 되면 갱년기를 겪는다. 다만 여성과는 정도의 차이가 있을 뿐이다."

의사들의 말입니다.

남성은 여성과 달리 폐경이라는 것은 없지만 폐경기 여성들이 겪는 정신적 불안을 체험한다는 것입니다. 마음은 아직 젊은 데 비해 몸이 늙는 데서 비롯되는 몸과 정신의 불균형에서 생기는 현상이라고 합니다.

우선 나타나는 현상이 우울증입니다. 50대가 되면 고개를 숙인 채

땅을 보고 다니는 사람이 늘어나는데 이는 이루어놓은 것은 없는데 신체는 노화가 가속되기 때문에 생기는 현상입니다.

또 자녀들이 결혼하여 슬하를 떠나고, 주위에서 친하게 지내던 사람들이 하나둘씩 세상을 떠나는 것도 원인이 됩니다.

여성들은 폐경을 맞는데 그러면 자신의 젊음과 함께 인생이 끝나간다는 위기의식을 갖게 되면서 우울증에 걸리게 됩니다.

의사들은 '갱년기는 질병의 전성기'라고 합니다. 오랫동안 잠복해 있던 건강 악화 요인들이 성인병이라는 형태로 인체를 공격한다는 것입니다.

50대는 어느 때보다도 각별히 건강에 관심을 쏟아야 할 시기입니다. 그러나 예방의 시기인 30대~40대가 지났기 때문에 한계가 있습니다. 따라서 50대에는 자주 건강을 체크해야 합니다. 조그마한 이상도 수시로 체크해야 합니다.

또 50대는 어느 때보다 운동이 절실한 시기입니다. 의사들은 50대의 운동은 보약이라고 말합니다. 노화방지에 절대적으로 효과가 있기 때문입니다.

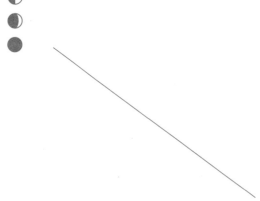

노년에
걸리기 쉬운
질병과 예방법

　최근 보건복지부의 국민건강 영향 조사 결과 3만 7천 명의 응답자 중 40.2퍼센트가 만성질환을 앓고 있는 것으로 밝혀졌습니다. 두 명 중 한 명은 만성질환을 앓고 있다는 것이지요. 특히 노인의 경우 더욱 심각합니다.

　그럼 노인들이 가장 많이 앓고 있는 만성병, 즉 관절염, 고혈압, 당뇨병의 관리요령과 예방에 대해서 알아보지요.

　성인병은 장기간에 걸쳐서 서서히 진행되는 것이 특징입니다. 따라서 환자와 그 가족은 병을 완전히 고치려는 생각을 버리고 평생 동안 관리하면서 불편하지 않게 지내는 방법을 찾아야 합니다. 만성병은 체질적 원인과 함께 식습관, 체중, 운동습관 등이 복합적으로 작용해서 일어납니다. 따라서 체질을 바꾸지는 못하더라도 평소 생활습관을 개선해 증상을 호전시키도록 해야 합니다.

퇴행성 관절염

노화와 더불어 나타나는 대표적인 만성병으로 퇴행성 관절염을 들수 있습니다. 이는 무릎, 척추 등 체중을 많이 받는 부위에 잘 생깁니다.

환자는 우선 정상 체중을 유지하면서 관절을 적당히 자극하는 운동을 지속적으로 해야 합니다. 예방법으로는 자신에게 적합한 운동을 지속적으로 하는 것입니다. 산책이나 등산 등도 좋은 방법의 하나입니다.

고혈압과 고지혈증

이 병의 특징은 무증상입니다. 어느 날 혈압을 측정했더니 고혈압으로 판명되면 그때부터 평생 동안 관리해야 합니다. 일단 진단을 받으면 정상 체중 유지, 소식(小食), 채식, 운동, 자연식의 수칙을 지키면서 필요할 때는 약물치료도 받아야 합니다.

예방법으로는 평소 식생활에 주의를 기울이는 것입니다. 가급적 염분을 적게 취하고, 지방질은 피하며, 채소나 과일을 많이 섭취하는 것입니다.

당뇨병

　당뇨 역시 아무 증상 없다가 건강검진에서 우연히 발견되는 경우가 많습니다. 발병 후 관리를 제대로 하지 않으면 10~15년 후에 망막, 신장, 신경계에 합병증이 나타나 불행해질 수 있습니다.

　예방법으로는 저지방 음식을 섭취하고, 금연, 금주 등을 통해 체중을 정상으로 유지해야 합니다. 최근 미국의 한 연구기관의 발표에 의하면 규칙적인 운동으로 근육량을 높여주면 근육이 혈당을 조절해주는 현상이 발견되었다고 합니다.

　모든 질병에 대한 예방책은 정기적인 검진이 가장 중요합니다. 이를 통해서 조기에 발견되면 어떤 질병도 치료가 가능합니다.

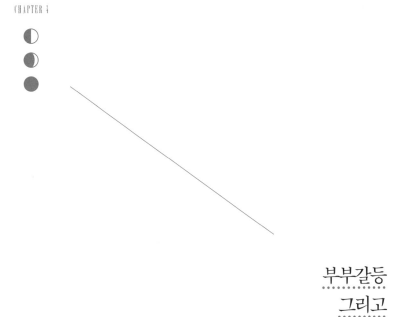

부부갈등
그리고
황혼이혼

    인생의 첫 번째 위기가 사춘기에 찾아오는 것이라면 두 번째 위기
는 중년에 찾아오는 위기로, 이혼입니다. 통계청 발표에 따르면 이혼
비율이 점차 높아지고 있는데 그중에서도 황혼이혼이 급증하고 있다
고 합니다.

    그 사유로는 불화가 주로 많고, 그 다음이 경제 문제라고 합니다. 불
화의 주된 원인은 부부간 어느 한쪽의 외도입니다.

    여기서 먼저 부부갈등에 대해 짚어보기로 합니다.

    부부는 갈등하면서 살 수밖에 없습니다. 남남이 만나서 함께 살려면 갈등이 생길 수밖에 없지요. 그러니까 갈등은 발전하기 위해서 몸부림을 치고 있다는 증거이기도 합니다.

그러면 왜 이런 갈등이 생길까요?

첫째는 서로의 역할에서 오는 갈등입니다. 상대방의 역할이 기대치에 미치지 못할 때 갈등이 생기는 것입니다. 즉, '나는 이렇게 열심히 하고 있는데 당신은 무엇을 하고 있느냐?'하는 생각이 들면 갈등이 생깁니다.

둘째는 의사소통이 잘 되지 않을 경우 생깁니다. 어느 한쪽이 자기 주장만 일삼을 경우 발생하게 됩니다.

셋째는 가치관에 차이가 있을 경우입니다. 늘 자신의 것만 챙기려는 사람과 베풀기를 좋아하는 사람이 함께 살면 갈등이 생깁니다.

넷째, 성격의 차이입니다. 연예인이나 유명인들이 이혼할 경우 그 원인으로 주로 꼽힙니다.

다섯째, 마음속 상처가 있을 경우입니다. 결혼 초에 돈 문제로 상처를 입었는데 다시 돈 얘기를 끄집어내면 상처를 자극하게 되어서 갈등이 생깁니다.

마지막으로 재원의 부족입니다. 뭔가 부족할 때, 부족하다고 느낄 때 갈등이 생깁니다.

갈등의 대처방법에는 회피하거나 타협하는 등의 여러 가지가 있으나 가장 중요한 것은 바로 의사소통입니다. 그리고 의사소통을 잘하기 위해서는 상대방의 바람과 생각을 정확히 이해해야 합니다. 그러기 위해서는 듣기를 먼저 해야 합니다. 이 방법은 문제 해결의 실마리를 찾는 것이며, 상대방과 나를 동시에 살리는 방법이기도 합니다.

황혼이혼은 갈등에 대처하는 방법을 모두 활용해본 후에도 갈등이 해결되지 않았다면 최후에 선택해야 할 방법이라고 봅니다.

황혼이혼

황혼이혼의 원인은 그동안 살아오면서 누적되었던 수많은 갈등에 있습니다. 그간의 갈등이 표출되면 이를 타협으로 해결하려고 하지 않고 이혼이라는 극단적인 방법을 택하는 것입니다.

젊어서는 갈등이 있더라도 자녀나 체면, 또는 사는 데 급급해서 근본적인 해결 방법을 찾지 않고 억누르거나 회피하면서 삽니다. 그러나 이제 자식 문제가 해결되면 자신의 삶을 돌아보게 되면서 자아를 찾고자 하는 욕구가 분출되기 시작합니다. 그리고 그 장애요인이 배우자에게 있다고 생각해서 이혼을 선택하는 것입니다. 황혼이혼에 있어서 간과해서는 안 될 큰 원인 중에 하나가 배우자의 외도라는 사실입니다.

그러면 중년의 외도 심리는 왜 생기는 것일까요?

심리학자 칼 융에 의하면 40세가 넘으면 남성은 '여성성'이 발달하고, 반대로 여성은 '남성성'이 발달한다고 합니다. 따라서 이 시기의 남성들은 자신의 젊음의 증거가 되는 성적 능력을 확인하고 싶어 하는 충동에 사로잡힙니다. 그때 누군가 자신의 남성성을 확인시켜주면 걷잡을 없는 사랑의 감정에 빠지는 것입니다.

또 중년 여성의 경우 남편과의 정서적 교감에 문제가 있을 경우가 70퍼센트, 성적 문제가 있을 경우는 50퍼센트라고 합니다. 특히 가부장적인 남편과 생활해 온 여성일수록 남편이 아닌 자신을 이해해주고 사랑해주는 제2의 남성을 찾게 되는 것입니다.

가정문제 전문가들은 외도를 막기 위해서는 부부간의 충분한 의사소통이 꼭 필요하다고 입을 모읍니다. 외도는 어느 한쪽이 아니라 부부 모두가 짊어져야 할 책임이므로 이를 막기 위해 서로 신뢰해야 한다는 것입니다.

전문가들은 상대방의 좋은 점만을 보기로 작정하고 대화를 시작해보라고 권합니다. 특히 중년 아내에게 따뜻한 말 한마디는 굉장한 효과가 있다고 합니다.

미국의 '행복한 가정 만들기' 창설자인 데이빗 클라우디아 아프는 결혼 후반기에 이혼이 없는 행복한 가정을 만드는 방법으로 다음의 몇 가지를 지키라고 합니다.

첫째, 과거에 실망했던 것들은 모두 잊어버리고 서로를 용서하며 남은 여생을 위해서 최선을 다하라.

둘째, 자녀 중심의 생활이 아닌 부부 중심으로 생활하라.

셋째, 대화에서 깊은 내면의 감정과 즐거움, 그리고 관심을 표현하라.

넷째, 더 깊은 우정을 쌓고 배우자를 즐겁게 해주어라.

마지막으로, 즐겁고 만족한 성생활을 회복하라.

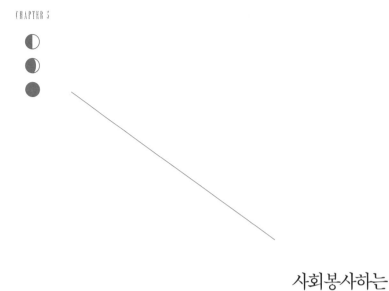

사회봉사하는 마음가짐

오늘날 주 5일제 근무제도가 정착되면서 각 기업이나 직장에서 주말에 봉사활동을 하는 모임이 많아졌습니다. 한 예로, K증권에는 '다솜'이라는 봉사활동 동아리가 생겼습니다. 한 달에 한 번씩 사회복지 시설을 찾아가서 봉사활동을 펴는데, 지금까지 70여 명이나 가입했다고 합니다. 이 모임을 주도하고 있는 P차장은 '주어진 시간을 나만을 위해서 쓸 것이 아니라 남을 위해서도 써야 한다고 생각되어 만들었다'고 말합니다. 이처럼 봉사활동하는 사람들이 많아지면서 그 중요성에 대해서 다시금 생각하게 됩니다.

그럼 봉사활동의 중요성은 무엇일까요? 그리고 인생의 절반을 넘긴 시점에서 왜 봉사활동을 해야 할까요?

첫째, 봉사활동을 함으로써 자아발견과 자긍심, 그리고 문제를 해결하는 계기를 마련하게 됩니다. 다양한 봉사활동을 통해서 지금까지 맛보지 못했던 색다른 경험과 인간관계를 맺어 자기를 발견하게 되고 나아가 자기를 실현할 수 있는 기회를 갖게 됩니다. 또 자신의 가치를 깨닫게 되고, 사회에 기여하는 존재로 인정받게 됩니다.

둘째, 지역사회와 인간에 대한 이해의 폭이 넓어져서 이웃과 더불어 살아가는 방법을 배우게 됩니다. 아울러 어려운 처지에 있는 이웃과 훼손되어가는 자연환경 및 여러 가지 사회문제를 만나고 돌보면서 협동심도 길러지지요.

마지막으로 리더십 개발 및 민주시민으로서의 책임감을 형성할 기회를 갖게 됩니다.

그러면 사회봉사활동의 마음 자세는 어떠해야 할까요?

무엇보다도 우월의식을 갖고 사람들을 대하면 안 됩니다. 수혜자들은 모두 경제적으로나 사회적으로 낮은 위치에 있습니다. 따라서 그들은 열등의식이 강합니다. 작은 말 한 마디에도 상처를 입기 쉽습니다.

그리고 겸손해야 합니다. 베푸는 입장에 있을수록 겸손해야 합니다. 수혜자들은 선천적으로, 운명적으로 그런 처지에 놓인 몸이 아니라는 것을 인식하고 그들을 대할 때 항상 겸손하고 밝은 자세로 위로와 용기를 주어야 봉사활동의 보람과 열매를 맺게 됩니다.